聖母文庫

八十路の春

田端美恵子

聖母の騎士社

八十路の春　目次

序　章　もう一度伝えたい　9
第一章　ひとすじの涙　17
第二章　山里のいで湯にて　33
第三章　チャーズを生き延びたあなたへ
—哀愁の挽歌『母の歌』を偲ぶ—　43
第四章　宇宙衛星中継「聖母と共に過ごす祈りの夜」
—世界十カ所の聖母巡礼地を結ぶロザリオの輪—　77
秋田へ

聖体奉仕会湯沢台だより
ブログ報告
「その一・その二、聖母マリアと共に過ごす祈りの夜を終えて」
ファチマの聖母マリア
ローマと世界十ヵ所の大聖堂を結ぶ衛星放送
ファチマの聖母像ローマへ
教皇フランシスコのメッセージ
始まったロザリオの祈り
イスラエル・ナザレ「受胎告知大聖堂」
―証言　フランス人男性―
フランス・ルルド「ルルドの聖母大聖堂」
インド・ヴァイランカニ「健康の聖母大聖堂」
―証言　俳優ピエトロザブッピ―
ポーランド・チェンストホヴァ「黒いマドンナ聖堂」
ケニア・ナイロビ「キリスト信者の助けなる聖母聖堂」

―証言　ルワンダからイタリアへ移住した女性―
ベルギー・バヌー「貧しい者の助けなる聖母聖堂」
日本・秋田　聖体奉仕会「秋田の聖母聖堂」
―証言　シリア人男性―
アメリカ・ワシントンDC「汚れなき御やどり大聖堂」
アルゼンチン・ヴェノスアイレス「ルハンの聖母大聖堂」
―証言　イタリア人女性―
ブラジル・アパレシーダ「アパレシーダ大聖堂」

終　章　八十路の春　夕映えの旅立ち　195

詠歌

序章　もう一度伝えたい

私は七十歳を越えてから、残り少ない人生に夢を託して不慣れなペンを執るようになった。これまでの七年間に随筆・小説などを幾冊か出版し、その一部が視覚障害者向け録音図書になり、また、スペイン語訳冊子となって海外にも紹介された。無我夢中で著作に追われた年月も夢のように過ぎ、今、改めて自分を見直す峠に立った。

老境に至るのはまだまだ先……と、他人事のように過ごしてきた幾歳月。

今までは病むこともなく健康に恵まれていたせいか、ことさら歳を気にすることもなかった。しかし八十坂に差し掛かってからは、時の流れの早さがひとしお身に沁みる。このように人生の終焉も本人の気付かないうちに忍び寄ってくるのだろうか。

人間は神が創られた自然の法則の中で一生を終える。私に残された時間もあとわずか。これからは八十路に翔ける愛の発露として、心新たな歩みを始めたい。

キリスト教徒は常に、……私たちが人を赦すように、私たちの罪をお赦しください……と、神に向かって祈り続ける。世界中の人びとが互いに愛し合い、平和を守ろうとするならば、この赦しと贖罪の精神がなければ地上に平和は実現しない。その一歩は各自の身近な周囲から始まる。

先日、『山峡に響く平和の鐘』（サンパウロ・二〇一一年八月発行）の取材で、お世話になったT氏から手紙をいただいた。―もっと内容を掘り下げた続編を書いてほしい。出来ることなら、国策にあおられて義勇軍に志願し、満州の凍土に果てた少年たちのことを―と。T氏は地元の満蒙開拓団に係わる研究に熱心な方だったのである。

以前からもすでに同様の声をいただいてはいた。しかし知識も体験もない私にはとうてい無理な話であり、ましてや老いた女の身、再度の資料収集に取り組むなど、あまりにも荷が重過ぎる。たとえ気持ちは逸っても、私の置かれている立場は、調査研究に専念できるような自由はなく、老夫との二人暮らしであればなおのこと、伴侶への心遣いをないがしろには出来ない。

「ごめんなさい、悲惨な体験をされた元義勇隊の人々を前にして、勉強不足の私などに出来るわけがありません。それこそ身の程知らずと嗤われます」と断った。

しかし神の慈しみを人びとに伝えることは、今の私にも出来る。この想いは日増しに強くなってくる。私にとって、これまで体験したすべての苦しみや悲しみは現世に生きた証しであり、感謝と喜びそのものであった。苦難があったればこそ、その中に隠されている神の慈しみを悟ることが出来た。耐え忍ぶ中から生まれる喜びも知ることが出来た。そしてこれまで触れ合ってきた人びとの美しい魂に魅せられて多くを学び、導かれてきたのだ。

二〇一三年の聖母月(五月)、私は五冊目の著『八十路の春』を書き始めた。かつて地上に薫った尊い「いのち」の芳香を世の人びとに伝えたい! 明日をも知れないわが身を顧みると、いま書かなければ―との思いがとめどなく突き上げてくる。

名もない雑草に過ぎない者ではあるが、拙いペンを聖母マリアに委ね、信・望・愛の杖に縋って八十路の第一歩を踏み出したのだ。春のような温かい心と微笑みをわが魂の武器として、新天地への希望に向かって歩んでゆこう。私は一人ではなく、神とともに生きているのだから。

あの世はあるの？　神さまは本当にいるの？

昨年、ふるさとで催された同窓会の席で、幼友達のYさんが近づき、「美恵ちゃん、神さまなんて居ないのよ。いま楽しまなくちゃあ―」と、語りかけてきた。彼女は人が羨むほどの裕福な生活をしている。財産家であることを自慢もせず、明るくて親切な人柄は皆に好かれた。その上美人なので、男性たちからはマドンナのようにもてはやされた。一年の大半を温泉や海外旅行で楽しんでいるらしく、一般庶民の手の届かない話がよく出てきた。四苦八苦で家計を切り盛りする者にとっては、住んでいる環境の違いを感じて、聴く耳に羨ましさと侘しさが入り混じる。

おおらかな彼女は別に悪気もなく、ただ「楽しかった！　次はどこそこへ行くのよ」程度の軽い気持ちで近況報告しているのだが、人の心は微妙に揺れることに気付いていない。多分私にも例の調子で、「人生をもっと楽しんだら？　生きているうちが華よ」、とアドバイスしてくれたつもりだろうが、二人の観点は全く違っていた。

「そうかしら?」

私はそれについて何も言わず、黙って微笑むだけだった。内心では―神さまなんていない―の一言に大きなショックを受けていた。「神は存在する」と、「神は存在しない」とでは、人生の根本的な考え方に大きな差があり、そこから生じる目標も天と地ほどの違いがある。人それぞれ、置かれている環境も違えば、人生観も異なるのは当然で、個人の自由な考え方に口を差し挟む気持ちは毛頭ないが、自身としては「いのち」の尊さが身に沁みて分かっているだけに、今日一日、今日一日と、いっときも時間を無駄にしたくない思いがある。

私は晩年になってから、年甲斐もなく文章を書き著わす喜びを知り、その中に生涯を全うしたいと強く望むようになった。しかし、日を追うごとに物忘れの頻度が増し、ああ、遂に来たか! と、脳細胞の退化を認めざるを得なくなった。忍び寄る認知症との闘いも始まろうとしている。体は衰えようとも、まだ知力のある限り、与えられた日々を全うしたいと望んでいるが、いずれ遠からずして限界の壁に突き当たるだろう。万が一この著が最後となるのであれば、これまで出会った思い出の数々を、いとしい人びとへ「人生の道しるべ」として伝えたい。

先人の「いのち」を彩る拙著から「不変の真理」、「真実の愛」を見出す人は幸せである。そこには人知を超えた恩恵が秘められているからだ。

第一章　ひとすじの涙

苦しみを背負ったまま誰にも知られることなく、長い沈黙の生涯を閉じた人がいる。その清らかで謙虚な姿は周囲に静かな感動を与えた。あれから数十年経った今なお、私の脳裏には昨日のことのように病む人の面影が残っている。

私が山形裕康さんと知り合ったのは昭和五十三年八月で、二十歳の一人息子が癌を患って前橋済生会病院へ入院したときのことであった。

余命一ヵ月と宣告されて、無我夢中で付き添っていたある日、外科病棟に出入りする外国人司祭を見かけ、同じ病棟にカトリック信者が居ることを直感した。間もなく、廊下の休憩所にしばしばタバコを吸いに来る、七十過ぎらしい老婦人に気付いた。ひっそりと現れて椅子に座り、一本のタバコを楽しむように吸うと、満ち足りた顔で去ってゆく……。婦人はいつも白い割烹着姿で、足音を立てないように草履で静かに歩き、首には銀色の鎖が光っていた。その鎖が妙に気になって、もしやクリスチャンではないかと思った。とすると、肌につけているのは多分不思議のメダイ（奇跡のお守りとして知られる聖母マリアのメダイ）だろう。その人は間もなく「浜田正子です」と名乗られ、カトリック信者であることが分かった。

息子が臥せっている個室の向かい側の大部屋に、二十五年間寝たきりの山形裕康さんがいた。浜田さんは山形さんに付き添う派遣婦で、すでに二十三年間介護を続けていた。病人を看取る姿は、はた目にも親子のような睦まじさと慈しみが感じられた。山形さんは五十代半ばとみられ、長年床に臥す病み人の姿からは、涙を乗り越えた悟りの境地すら感じられた。

なぜ身動きも出来ない体なのか、そのわけは間もなく分かった。電力会社に勤務していた二十七歳のとき、工事中の電柱高架線から落下して全身不随になったということだった。幸い、脳挫傷だけは免れたが、首から下の機能はすべて失われた。ベッドに磔の状態で過ごしてきた二十五年の長い入院生活。言葉に尽くせない辛苦と忍従の日々を誰が想像できようか。

病人の苦痛をじっと見つめていたのが、浜田正子さんだった。四分の一世紀看病し続けた彼女の愛情は、すでに派遣婦の枠を超えていた。

浜田さんは関西の裕福な家庭に育ち、小さいときから数々の稽古事に通うなど、幸せな幼少期を過ごした。縁あって医者の家に嫁ぎ、しばらくして妊娠したが、胎内で赤ちゃんが死ぬという大きな不幸に見舞われた。死産した子は男児だったという。その後、どのような事情であったのか、婚家から出戻って、派出婦として自立した。お嬢さん育ちで、立派な医者の奥さんでもあった人が、たとえ生活のためとはいえ、自ら苦労を伴う仕事を選んだことは、それなりに覚悟があってのことと思われる。

長野県の結核療養所で付き添いをしていた頃、看護していた患者を熱心に見舞う神父がいた。慈父のように病人をいたわるその姿に打たれた浜田さんは、カトリックに惹かれて教えを学び、洗礼を受けた。出入りする神父が聖フランシスコ修道会士であったことから、導かれてフランシスコ第三会（在俗修道会）に入会した。自分を誰よりも小さな者と呼んだ清貧の聖者、アッシジのフランシスコに随う決心をしたのであった。

その後、浜田さんは結核療養所から一般病院へ移り、重症患者専門の付添婦として働くようになった。前橋済生会病院に入院している山形裕康さんと巡り合い、付き添いをするようになったのはこの頃のことである。

浜田さんと出会う前の山形さんは、過酷な運命に心も荒れすさんでいたため、派遣される付添婦は次々と替わり、誰も長続きしなかった。浜田さんに代わってからは、キリスト教の感化を受けて神に頼るようになり、目に見えて穏やかになっていき、やがてヨゼフという霊名で洗礼を受けたのである。信仰の恵みを受けてからの変化は著しく、本人は浜田さん同様、アッシジの聖フランシスコを慕って第三会員となり、受難のキリストと共に十字架の道を歩む決意をするようになる。

山形さんが横臥するベッドの窓辺には、フランシスコ会神父と、前橋教会の信者たちが絶えず訪れては励まし、慰める光景が見られた。息子の病室は山形さんの病室の向かいだったので、時々立ち寄って短い言葉を交わした。

ある日、山形さんの部屋で、見舞いに訪れた高松雅子と名乗られる婦人と出会った。見知らぬ者にまで優しく言葉をかける心の温かい人だった。それから間もなくして、この人のご主人が重い病気で外科病棟に入院してきた。入退院を繰り返すなかでの三回目の手術。私と雅子さんは廊下や洗面所ですれ違うたび、互いに労わり励まし合った。身内に病人を抱える者同士、いつしか互いの心はキリストに結ばれる友情へと代わっていった。

親子五人暮らしの高松一家は敬虔なクリスチャンファミリーで、カトリック前橋教会の信者だったのだ。そして一家で癌末期の息子をいつも心にかけてくれていた。

私の真治は二十一歳の誕生日を迎えた二週間後、安らかに神の許へ旅立った。その前のこと、雅子さんのご主人も生死の境をさまよう緊迫した状態に陥り、病状から目を離せないときでさえ、真治の個室の前を通ると必ず立ち寄り、冷えた両足を擦って「またね」と声をかけて戻った。まるでわが子をいたわるような優しさで。

真治の臨終が迫ったある日、高松さんはようやく危篤状態を脱けて集中治療室から隣の個室へ移された。息子のベッドは西向き、高松さんのベッドは東向きで。十センチほどの壁を隔てて、二人は頭と頭が付き合わされる格好で寝ていた。高松さんは依然として苦しみが続くなかで、真治のために祈ってくれていた。

「どうぞ、真治君のいのちを、私のいのちと引き換えに助けて下さい。真治君はまだ若く、私は真治君の二倍以上生きたから……」と。雅子さんは気付かれないようにそっとハンカチで目を抑え、

「どうぞ二人とも、二人とも助かりますように！」

と、無我夢中で祈り続けたという。この事は私にだけそっと話してくれたのに、私は胸が詰まって黙っていられず、迂闊にも真治に「高松さんが祈ってくれている」と漏らしてしまった。それを聞いた真治は涙を浮かべて祈り出した。

「どうぞ僕に代わって高松さんのいのちを救って下さい。僕は一人ですが、高松さんには家族がいますから……」と、幾度も、幾度も、繰り返して──。

隣人のために自分のいのちを投げ出して祈りあう、この光景を目の当たりにした私は、まことの愛の姿を教えられた心地であった。入院前までキリスト教に背を向けていた子であったが、心優しい神父と教会の人びとに触れて信仰に目覚め、自ら望んで洗礼を受けた。洗礼の代父を引き受けた山形さんは、向かいの部屋で黙々と祈ってくれていた。

死を迎える前、息子は幾つかの言葉を遺した。見舞いに訪れた友人に、

「〇〇君、キリスト教はいいよ。教会へ行ってごらん」

そして父親には、

「お父さん、僕は教会へ行かれないから、僕の代わりに教会へ行ってくだ

さい」と。

夫は仏教徒だったが、息子の遺言に導かれて教会へ行くようになり、半年後に洗礼を受けて約束を果たした。

また、世界中の人々のために、

「僕は天国へいったら、薔薇の花の中から大勢の人のために祈るよ。特に、苦しんでいる病人のために。この外科病棟の患者さんたちのためにも」

それから夫に頼んだ。

「先生（医師）と看護婦の皆さんにお礼をしたいから、デパートへ行ってプレゼントを買ってきてください。自分で一人ひとりにあげたい」と。

この事は受け入れてもらえず、お前の代わりにお礼をするから心配しなくていい、となだめられた。すでに死期も迫っていたからであった。

少年のような面影の残る若者が、わずか二ヶ月という短期間に、これほど純粋に神を見つめ、心が浄化されるとは思いもよらず、私は幼子のような霊魂に注がれる神の慈しみを感じた。本人は自分より他人を思う「愛の真髄」を、十字架のキリストから学んだのだと確信している。

真治は死の一週間前、不思議な夢を見た。夢幻のなかで、病室の壁に掛けられている十字架のキリストが、その十字架から降りて病人の脇に立ち、腹に刺さっていた釘を抜いてくれたという……。この夢を一番初めに伝えたのは親にではなく、その日の午後訪れた高崎教会のヨゼフ神父にだった。本人は親よりも先に、毎日のように来てくれる愛情深い神父に打ち明けたかったのだろう。側にいた私はこの事を知って驚き、夫にも伝えた。夢から覚めたあとは、死ぬまで苦痛を訴えることなく安らかな祈りの数日が続いた。力も尽きて横たわる息子の支えとなったのは、神父が授けてくれる聖体だった。「僕、御聖体を戴くと力が出るよ」とベッドで漏らした真治。教会の教えを学んだこともないのに、秘蹟の究極まで到達したのか！と感嘆せずにはいられなかった。私への最後の言葉となったのは、「お母さん、ありがとう。お母さんはマリア様みたいだね」という、身に余る最高の謝辞だった。その後、桐生聖フランシスコ修道院から揃ってみえた三人の神父から祝福を受け、聖体を戴き、翌朝眠るように逝った。

山形さんの部屋は六人部屋で、それぞれ白いカーテンで仕切られていた。その一番奥の窓際に山形さんは寝ていた。浜田さんがベッドから見やすい目の高さの位置に書見を上からぶら下げ、脇で週刊誌のページをめくってあげていた。山形さんの一日は、本を読んでいるか、瞑想に耽ることが多いようだった。あまりにも長い入院生活であったためか、入れ替わり立ち替わり入退院を繰り返す患者との交流や動向には左右されず、黙々とマイペースの療養を続けていた。症状は全身麻痺だけでなく、体を動かせない運動不足から、内臓疾患や体の痛みもあちこちに発生していたようで、その重圧感はどれほどであったろう。

病室の都合で、一時息子の個室に急患が入り、山形さんのいる大部屋へ一週間移動された事があり、隣の隣が山形さんのベッドだった。奥のカーテンから時々小さく漏れる「ウ、ウーッ」という唸り声。すると「痛い？」と尋ねる浜田さんの声。それにつれて入り口のカーテンは閉じられ、中から人の動く気配がする。―ああ、体を擦ってもらっているのだな―　私には陰の動きが察せられた。三時になると、「食べられる？」とささやく声。そして少量のすりおろしりんごをスプーンで口に入れてもらっていた。会話する一言一句にも付き添いの濃やかな愛情が滲んでいた。

ある時、雅子さんは私に言った。

「私ね、浜田さんに揉まれている山形さんの足を見たことがあるのよ。足首が足の甲まで太くて象の足のようにずん胴だったの。動かせないので変形してしまったのね。どうして！　どうして！　と、胸が苦しくって、言葉が出なかったわ。彼女、血行をよくするためにいつも擦っていたのよ。丁寧に体を拭いてもらっているから、本当に肌がきれいだった。どこも、どこもきれいにしてあるのよ。浜田さんはタバコが唯一の楽しみでね、私が側に居るから吸っていらっしゃい、と言うと、じゃあ行ってくるわねーって、安心してゆっくり吸ってくるの。晴れ晴れした顔で、有難うって戻ってくるのよ」

山形さんは、自ら語ることは稀で、話しかると笑顔でトツトツと答えた。世間の出来事にも「ほ～、ふ～ん」と、周りの話に耳を傾け、いつも穏やかに目が微笑んでいた。世の中の動きをよく知っていたにもかかわらず、ひけらかす風もなかった。

長い入院生活の大部屋では、患者たちが入退院するごとに喜びと悲しみが塗り替えられていった。それを片隅から無言で見続ける二人の胸中はどのようであったか。我がことのように一喜一憂して隣人を思いやると同時に、自分を省みる辛さや悲しみも嘗め尽くしたのではないだろうか。
私は二ヵ月半という短い期間ではあったが、再生会病院で山形さんと出会い、身近にその人柄を眺めて深い感銘を受けた。自分の運命を受けいれて神に委ねた心の平和、謙遜と沈黙、苦難を祈りに変えて穏やかに微笑む姿……。私はこの人の中に、生きている無名の聖人を感じていた。

息子の死から一年九ヶ月後、山形さんは静かに息を引き取った。その直後、いつも雅子さんと一緒に見舞っていた荻野亀松さん（故人）が、浜田さんから報せを受けて病院へ駆けつけるとすでに山形さんの身支度は終わっていた。組み合わされた手には草の実の数珠玉のロザリオ（注・ロザリオとは十字架と珠からなる祈りの道具。珠を繰りながら祈りの言葉を唱え、イエス・キリストと聖母マリアの生涯を黙想する）を持ち、茶色の在世フランシスコ会（フランシスコ第三会）の会服を着た遺体は、清々しい容貌であったという。二人は病室に跪づいて一連のロザリオを故人に捧げて祈った。

前橋市郊外の生家で行われた葬儀には、私も雅子さんとともに参列した。フランシスコ会桐生修道院から神父たちが大勢来られ、桐生、前橋両教会からも大勢の参列者があった。この世の楽しみを受けることなく、病院の片隅で謙遜な態度で十字架の生涯を送った山形裕康さん。その徳を称えるように、仏式の葬儀は盛大なものだった。参列した前橋教会主任司祭であったダナン神父は感慨深げな様子で、独り言のように

「あの二人は、ほんとに……まったく……聖人だよ」と雅子さんに言った。

山形さんは亡くなる一ヵ月前から、突然「母ちゃん」と浜田さんを呼ぶようになり、浜田さんは戸惑いながらも嬉しそうに、「裕ちゃん、ヒロちゃん」と呼んでいた。一生懸命世話をする姿は、本当の親子のようであったという。浜田さんは山形さんを病院から送り出したあと、病院のすべての用を済ませて自宅に帰り、服装を整えて山形さんの実家へ駆けつけた。遺体が生家に帰ってから六、七時間経っていた。両親はすでに亡くなり、兄が跡を継いでいた。浜田さんは顔を覆う白布をはずして、

「ヒロちゃんゴメンネ、遅くなって……」と言葉を掛けた。その時、スーッ

と、閉ざされた瞼から一筋の涙が流れ出て仰天したという。葬儀のあと、斎場で遺骨を納めたとき、ただの草の実に過ぎない数珠玉が燃えないで残っていた。

「あれっ！　いつも使っていたお数珠だぁ！」とお兄さんが声を上げた。

「あんな不思議なことってあるんでしょうか」

と、浜田さんは雅子さんに語った。心の優しい雅子さんは、いつも病室を訪ねて二人に声をかけていたので、彼女を信頼する浜田さんはいち早くこの不可解な二つの出来事を語ったのだった。その話は雅子さんを通して私も知ることとなった。

「すでに亡くなられた方が、涙を流されたという事実を数年経っても忘れられず、このようなことは医学的にどう解釈されるのか、機会があったら富沢先生（ご主人のかかりつけの医師）にお聞きしたいと思っていたのだけれど、その機会がないまま日が経ってしまって……」

と、雅子さんは話してくれた。

浜田さんは長年の疲れが出たのか、その後、病院の入退院を繰り返して、山形

さんが亡くなった七年後、安らかな死を迎えた。老衰で入院していたある日、浜田さんを訪れた前橋教会のカリスト神父が

「マリアさまは女性の中で特に祝されたお方です。神の母であり、私たちの母です。浜田さん、あなたも神さまから祝されています。ご安心なさい」

と優しく労わった。その場に居合わせた雅子さんは、その時の浜田さんの安堵の表情と、笑顔が忘れられないと言う。

周囲の人たちから、「病院のお母さん」と呼ばれた浜田正子さん。この人の生涯は決して生易しいものではなかったはずだ。「愛する」ことは、大きな「犠牲」も伴うことをこの目で学んだのであった。

第二章　山里のいで湯にて

高崎市倉渕福祉センター「せせらぎの湯」は、吾妻・軽井沢方面へ通じる国道406号線沿いの倉渕にある公共保養施設で、烏川支流である相間川のほとりに建っている。ここの泉質は、ナトリウム、カルシウム・塩化物強塩温泉で、独特のオレンジ色をした源泉かけ流し天然温泉である。塩分濃度が高く、短い湯浴みにも汗が噴き出すほどで、体の芯まで温まった心地よさは翌日まで残る。

ここには、さまざまな人たちが出入りしている。大勢の人が交流する休憩室では分からなかったことも、浴室という限られた場所にいると、個々の人間関係まで鏡のように写し出される。

その浴場で、私は心に沁みる光景をずっと眺めていた。そこには、全盲の婦人を優しく介護する一人の女性の姿があった。婦人風呂で二人連れに気付いたのは二年前のこと。当時入浴中の私は、いつもながらの気ままな湯を楽しんでいた。目の前には楽しそうに話しながら湯に浸かっている二人がいた。特に変わっている風も見られず、そのときはAさんが視覚障害者であることに気付かなかった。というのも彼女の目は開いていたからだった。

その後幾度となく風呂で隣り合ううち、二人の挙動が気になりだした。Bさんは何をするにもAさんの手を引いている。洗い場では彼女の体を流してあげながら小声でささやいていた。浴槽の上がり下りにも気を遣っている様子。……ふとBさんの胸の疵が目に留まった。透いて見える皮下の脹らみは何だろう？　私はペースメーカーについての知識がなかったため、しばらくの間疑問に思っていた。それとなく見ているうちに、以前心臓の発作で亡くなった友人の金井美智子さんを思い出した。彼女はペースメーカーを胸に入れており、五年ごとに入れ替えるのだと言っていた。

美智子さんの生前の献身的な奉仕活動と隣人愛の精神を知る私は、彼女を心から尊敬し、その人となりから得るところが多かった。Bさんもやはり心臓が悪いのだろうか—。他人の顔や名前をなかなか覚えられない私はペースメーカーを目印にして浴室を見回し、二人の姿を見つけると何気ない素振りで見守るようになった。

二人は寄り添って湯に浸かり、楽しそうに語り合っていた。居合わせる人びとに溶け込んで話を弾ませる様子もなく、そこには二人だけの世界があるように見えた。Aさんの表情は明るく、満ちたりた開放感と幸せがそれとなく感じ取れる。小声で話すAさんの言葉は途切れなく続き、笑顔で受け止めるBさんも姉のように優しい。年恰好は二人とも七十歳前後だろうか。私は二人に関心があったので言葉を交わしたいと思っていたが、その機会もなく日は過ぎていった。

ある日のこと、脱衣室で二人を見かけた私はハッとする場面と出合った。Aさんに手を貸しているBさんが、彼女の囁きに頷いて一緒にトイレへ入ってゆくではないか。それを見てはじめてAさんが全盲であることを知り、いたたまれない気持ちになった。目が見えない辛さは、姉の姿を通して知っていたからだった。

八十七歳になる私の姉は数年前に網膜剥離を起こして都内の某医大病院で治療を受けたが、手術後の化膿が原因となって失明するに至った。左目は義眼となり、右目も同時に網膜剥離を発症したがかろうじて失明は免れた。視力も定かでない状態での独り暮らしは大変で、日々の食事は福祉の宅配に頼み、掃除、雑用、病院通いも区から遣わされる出張介護ヘルパーと善意の方々の世話になっている。

加齢による足腰の痛みに加えて目も見えなくなった不自由さは、電話で話す言葉の端々からストレートに伝わってくる。

「目が見えなくて動けないから何も出来ないの。お世話になる皆さまにはいつも感謝するばかり」

「私には神さまとともに生きる喜びと希望があるから幸せよ。朝夕マリアさまに捧げるロザリオの祈りの中で、大勢の人たちのためにお恵みを願っているの。これが私に出来る精一杯の気持ちなんですもの」などなど。

自宅は縦長の三階建てで、姉が起居するスペースは三階。二階は以前短歌会や茶道・華道教室として使い、舞台つきの日本舞踊教室でもあった。しかしそれも足腰が悪くなった十数年前に閉じて、今はたまに訪れる友人と歓談する居間で、普段はほとんど人気が無い。玄関がある一階から三階までの狭い急階段を、四つん這いになって手すりにつかまりながら毎日上がり降りしている姉を支えているのはカトリックの信仰で、強い信念があるからこそ、いつも明るい笑顔でいられるのだった。

老いて障害者となった姉の例にもあるように、日々の生活においてさまざまな状況下で艱難辛苦を耐え忍んでいる人びとは多い。Aさんも姉と同様に支援を必要とする一人だったのだ。手を差し伸べる善意がいかに弱者の救いとなっているかということを、私たちはもっと知るべきだと思う。

その日以来、私の二人を見る目は変った。Bさんの心優しさが私の心を捉え、善き友に恵まれたAさんの喜びもひしひし伝わってくる。傍らからそっと眺め、その姿に和まされていたある日、人気のない露天風呂で私は彼女たちに話しかけることが出来た。

「お二人は仲がいいのですね。この近くの方ですか?」

と聞くと、Aさんはにこやかな笑顔で応えた。

「いいえ、私は吉井町です。この人がいつも一緒に来てくれるので感謝しています」と。

Aさんの表情は明るい。外見上は普通の人と同じ眼差しであるため、事情を知らない人には彼女の背負う重荷がわからない。

「私は高崎市内ですが、吉井はまだ遠いですね。するとこちらの方も吉井からご一緒に来られるのですか?」と聞いてみた。するとBさんは、

「いいえ、私はこの近くに住んでいます。五年前『せせらぎの湯』で初めて知り合ったのですが、出会った日にAさんから電話番号を聞かれお互いに教えあいました。その後Aさんから電話がくるようになり、ときどきご夫妻は私の家に来て一緒にお風呂へ行くようになったのです」と話してくれた。

初めてセンターで彼女と出会い事情を知ったBさんは、そのとき、この人の杖になろう！　と決意したのではなかろうか。また聴覚に頼るAさんも、盲目の人特有の鋭い直感からBさんの温かさを感じ取り、縋る思いで電話番号を請うたに違いない。Aさんには、Bさんが闇を照らす光のように映ったのだろう。二人ともあまり詳しい話はしなかったけれども、Aさんはさまざまの苦労話をしながら、「本当にお世話になっています。感謝しきれないほどです。お風呂に来られるのが嬉しい」と繰り返し、繰り返し言っていた。

その日から私はBさんと短い言葉を交わすようになったが、Bさんは謙虚な人で自ら語ることもなく、また好奇的な雑談には乗ってこない。いつまでたっても、彼女に私自身の気持ちを伝える言葉がみつからない。

Aさんが失明したのは四十代はじめだったという。現在七十歳なので三十年ほど前になる。若い頃、舅・姑がいる大きな農家に嫁いだ彼女は農作業に追われて苦労が絶えなかった。夫の勤務は仕事の都合上、朝早く出勤して夜遅く帰宅する日々であったため、妻についての詳しいことは知らなかったようだ。本人も家族に気兼ねして言わなかったのではないか。

家には田畑に加えて山林もあり、人手が足りないことから馬車馬のように働かざるを得なかった。毎日疲れきった体は休む暇なく仕事に追いまわされ、生きる気力も失せるほどの心労から遂にベーチェット膠原病に罹り、視神経が犯されて失明した。義父母は嫁に厳しく、一歩さがって三つ指突いて仕えることを求めたという。本人は亡き舅・姑への心遣いから触れたくない様子だったが、ひと言「厳しい親だった」と漏らしていることからしておおよそ察しがつく。

現在Aさんは目が見えないながらもご主人の仕事を手伝い、原木栽培の椎茸取りに精を出しているそうだ。膝の上に椎茸が生えている原木を乗せてもらい、手探りで採っているという。夫に手を引かれながら作業する姿がまぶたに見えるようで胸が詰まる。

ある日Aさんが誰に言うともなく、「いつも真っ暗闇の中、何も見えない」とつぶやいたことがある。「真っ暗闇」と聞いたとたん、私の心は引き裂かれるように痛んだ。いまだにその言葉を忘れることが出来ない。

障害を背負う人の重荷は、五官に恵まれた健康人には到底想像も付かないことと思う。高齢になればなるほど増す辛さを耐えて生きる人々へ、私は心から声援を送りたい。—苦しみはいつか必ず喜びに代わる日が来ます。それを信じて希望を失わないように—と祈りをこめて。

そしてBさんほか、多くのボランティアの人たちへ、ありがとう！　と何遍も繰り返して感謝したい。

第三章　チャーズを生き延びたあなたへ

―哀愁の挽歌『母の歌』を偲ぶ―

康子さま、

この章を書くに当たり、中国建国史の沈黙に触れる難しさをおもんばかり、あなたへの手紙に託して私の想いを伝えることにしました。流れの中心となる「チャーズ」で起こったことは、お母さまとあなたが遭遇された最悪の悲劇であり、あなたのたった一人の姉、恭子さま（五歳）もこの飢餓地帯の犠牲になりました。どんなに辛かったことでしょう。

悲劇の顛末は長春（新京）市街南西のチャーズ（国民軍の検問所）に於いてでした。（注・卡チャーズとは、人が番をして狭い口をふさぐという意味で、卡子は関所のような役割を果たす。遠藤誉著『卡子・中国建国の残火』より）

そのころ長春市内には国民軍がおり、かつて満州国首都だった長春を奪還しようとする共産軍（八路軍）は、国民軍を全滅に追い込むための「食糧封鎖」という非情手段に出ました。ところが国民軍には備蓄があり、兵士たちは飢える事もなかったのです。

そのあおりを受けたのは一般長春市民で、電気・水道は止められ、市内へ通じるすべての食糧経路も絶たれてしまったため、飢え乾く人びとは街から脱出しようと国民軍が厳しく守る長春南西のチャーズ（検問所）へ押しかけました。長春には、東西南北の四ヵ所に出口はあったそうですが、国民軍の決めた脱出ルートはたったひとつ、この南西にあるチャーズだけだったということです。それ以外は鉄条網が張り巡らされていて、無断で脱出する者は銃殺されると言われていたようです。（遠藤誉著卡子より）

見張り番の兵士は通行許可を願う民衆に、「ここを出たら二度と戻ることが出来ない。それでもいいのか」と念を押したという……。

チャーズの柵外は生き地獄であることも知らず、糧を求める人びとは関門を出て行きました。まさか行く手を八路軍の鉄柵が阻んでいようとは！

共産軍は国民軍が張り巡らした鉄条網の外郭へ、二重の鉄条網を張りめぐらし、市内から一人も逃亡者を出さないよう警備を固めていました。身動きできなくなった人びとは二つの柵（共産軍の柵と国民軍の柵）に挟まれた中間地帯で飢え渇き、苦しみました。

共産軍の出口には厳しい見張りがおり、よほどの理由や特殊な証明書がないかぎりそこから出ることは認められません。引き返すことも、出ることも出来ない柵の狭間一帯は死を待つ飢餓地獄と化したのです。

地面が隙間もないほど餓死体に覆われるさまは、目を覆うばかりの惨状であったと言われており、ある体験者によると、屍が折り重なるその上で横になり、震えながら夜を明かしたとのことでした。これこそ戦争のなせる罪悪と言ってよいでしょう。

政争から起る内戦のむごたらしさは、いつの世、いつの時代にあっても世界各地で見られることです。巻き添えにされて泣くのはいつも無力で善良な住民たち――。食糧封鎖によって餓死したおびただしい犠牲者の慟哭が、幾歳月を経た今もなお彼の地から聞こえてくるようで、私はこの事件を見過ごすことが出来なくなりました。

今春、あなたから長春で信じられないような出来事があったことを伺い、また、『卡子チャーズ・中国建国の残火（遠藤誉著朝日新聞出版二〇一二年十二月三十日発行）』を読んで、その凄絶さに心が引き裂かれ声を失いました。なんという残酷な事件だったのでしょう！ そのときあなたは四歳で、一つ違いのお姉さまとともに苦しみのるつぼの中で喘いでいたのですね。そしてお姉さまの哀れな姿をなす術もなく見詰めておられた。

お母さまは一人残った幼いあなたを守り、命がけの脱出に成功し、三百キロの道のりを歩いて瀋陽（奉天）へ辿り着き、そこで四年半に亘る苦難の生活を過ごされたという……。昭和二十八年三月、中国国内情勢も安定したことから一時途絶えていた残留日本人引揚げが再開し、八歳になったあなたとお母さまはようやく故国へ帰ることが出来ました。

私はあなたから頂いた栞『母の歌』を偲び、平成二十四年十一月、九十五歳の長寿を全うされたお母さまの苦難に満ちた生涯と、戦争のもたらす残酷極まりない罪悪を、人類の平和を守る立場から書き記す必要を感じました。チャーズを体験しない私には真相の万分の一も伝えることは出来ませんが、あなたとお母さまの歩かれた足跡をたどり、この手紙を亡き母上・伴野雅子さまに捧げさせていただきたく存じます。

さて、どうしてこのような内戦が中国で起ったのでしょうか。ことの始まりは、第二次世界大戦中連合国とともに日本軍と対戦し、戦勝国となった直後の中国で、毛沢東率いる革命軍（八路軍）と国府軍の蒋介石総統との間で政権を争う内乱が起り、戦闘の最も激しかった長春で惨劇が発生したのです。この内戦は突如として始まったものではなく、日中戦争前より内紛の火種は燻ぶっていました。当時毛沢東の唱える革命思想は、中国の貧しい山間地方や農村地帯の住民に支持されて地盤を固め、毛沢東を党首とする人民革命組織は次第に勢力を増大させていました。日本寄りの放漫な蒋介石政権を倒し、新しい人民政府を作ろうとする八路軍と国民軍との溝はすでに深まっていたのですが、日中戦争が始まるやいなや、両党首は対立を休止して互いに協力し合い、日本軍の侵略から中国を守るために戦いました。八路軍の神出鬼没のゲリラ作戦は日本軍の行く手を阻み、大きな打撃を与えました。関東軍の襲撃によって家や土地を失い、故郷を追われた中国の若者たちは日本を憎み、八路軍の許へ走りました。その悔しさと悲しみが次の詩に詠われています。

わが家は東北、松花江のほとり
山々には森と炭曠、野には大豆と高粱が豊かに満ちる

我が家は東北、松花江のほとり
その地には、わが同胞、そして年老いた父と母がいる
ああ、九・一八、九・一八
あの悲惨な時から愛する故郷を離れ
宝の場所を後にして
さすらい、さすらい
知らない土地をさすらい歩く
いつの年、いつの日
わが愛する故郷へ帰れるのだろうか
ああ同胞、ああ同胞よ
いつの日にわが愛する故郷を取り戻せるのか
父よ、母よ
喜んで一堂に会するのはいつのことであろうか

松花江上（松花江のほとり）　張寒暉

第二次世界大戦は終わり、敗戦の苦しみを背負った日本人開拓団や一般日本人移住者もあらかた引揚げた後の長春で、両軍とも満州国当時重要なかなめであった首都をめぐって一歩も譲らず、攻防が激しさを増して行ったのです。内戦は長春だけではなく、すでに中国各地で始まっていました。

関東軍支配下では陰を潜めていた対立も、終戦になるや一挙に激しい火花を散らしたのであり、結果は中国共産党軍を率いる毛沢東が国民党軍の蒋介石を敗退させて勝利を収め、蒋介石政権の「中華民国」改め、新たに『中華人民共和国』を誕生させたのです。その国を争う激戦中、共産党軍側は一般長春市民をも生贄にする、すべての食料と水の供給を封鎖するという非道な戦略を実行したのです。そのために長春市内は食べ物が手に入らず、飲み水すらなくなりました。飢えた住民は競って草や木の葉を探して食べ、遂には一本の草もなくなり、楡の新芽も食べつくされて木は裸になってしまったという。ありとあらゆる動物の肉は食べつくされ、とうとう餓死して間もない遺体の僅かな肉まで削り取られたと言います。街では人肉市場が現れ、飢えた人々は肉塊を求めて群がったとはなんと恐ろしいことでしょう！

『母の歌』にもそのような凄惨な様子が記されていました。あなたの涙で綴ったその部分を次へ転載させていただきます。

……昭和二十三年（一九四八年）、「忘れもしない」と母は大声になって語った。人生最大の事件『チャーズ卡子（関所）の悲劇』が起こる。九月三十日、母は協力を約束した日本人の一集団と自宅を捨てて新京を脱出することにする。これが悲劇の始まりであった。

このチャーズで母は生き地獄を見、また一生忘れることの出来ない体験をする。街を出た先に待っていたのは八路軍の軍事的包囲網であり、出口を見失った何万の新京脱出者たちが、飢餓の状態でさまよう阿鼻叫喚の修羅場であった。日本人だけではない、朝鮮人、中国人など一般の元新京の住民たちが被害者であった。最初は地面に草も多少はあった。やがて唯一の井戸の水もヤカンや鍋で埋まり、口に入らなくなった。荷を引く馬めがけ飢えた者達が、どこにそれほどの力が残っていたのか一斉に襲いかかり、たちまち引き裂いてしまうという情景も目撃した……

『母の歌』より抜粋

これらは、内戦がもっとも凄まじかった長春市街の国民党軍と、国民党軍を閉じ込めるために共産党軍が外郭を囲んだ二重の柵の狭間で起った悲劇でした。事件のもとは中国紛争ですが、チャーズに巻き込まれた餓死者は数十万人(遠藤誉著『卡子チャーズ』によると三十万〜六十万)に及ぶと言われています。このおびただしい犠牲者の中には、中国人長春市民ばかりでなく、多くの朝鮮人と残留日本人も含まれていたのです。亡くなられた多国籍の人びとを想うにつけ、この不幸な出来事を単なる中国だけの問題として見過ごすことが出来るでしょうか。日本に於いても残留日本人犠牲者が多く出ている以上、この事実は歴史にとどめるべきだと思います。後世に伝えることは、悲惨な戦争を真っ向から見詰めるためにも必要で、中国内戦の張本人である毛沢東主席と国府軍の蒋介石総統を部外者が云々言うよりも、この事実を教訓として、尊い人命を良心の呵責なく殺しあう『すべての戦争』を地上から無くすることが肝要だと思うのです。それには世界各国が協力し合わなければ実現不可能です。それを感じさせて下さったのはあなたでした。初めて知ったチャーズの悲劇！　苦難に遭ったあなたと、必死で幼いわが子を護りぬいた亡きお母さまを瞼に浮かべ、私は心から平和を願い、可能な限り祈り続けます。

チャーズ事件を知らない人びとは日本ばかりでなく、朝鮮、中国にも意外と多い気がします。私自身、あなたから聞くまでは全く知らなかったのです……。戦争は不幸そのものです。どのような理由があるにしろ、事件を隠し、また、すべてに於いて戦いの妥当性を強調して美化するような言動があってはならないと思います。

現今の日本国内には、自国を守るという美辞麗句を楯に、「平和憲法九条」を改正しようとする不穏な動向が政府内にあり、国民の間にも肯定する傾向が増えています。戦争は一国を滅ぼすに留まらず、その戦火はやがて人類を滅亡へと追いやります。害こそあって何の益にもならない殺戮の砲火に加担しないためにも、第二次世界大戦や世界各地の戦争悲劇を思い起こして、敗戦の中から生まれた素晴らしい「平和憲法」に私たちの「いのち」が守られることを望み、あえてチャーズに触れることにしました。

これは人間に備わる「命の尊厳」と「人権」を訴える魂の叫びです。平和こそ幸せの根源であり、戦火の中に平和はありえません。私たち敗戦国民は一番よくそれを知っているはずですのに、昔を懐かしむ復古調の風に靡いているのはなぜでしょう！

平成二十四年十一月十五日夜七時過ぎ、突然松本のあなたから電話を頂いたときは何事かと驚きました。

「今朝六時半、母は眠るように息を引き取りました。あと一ヵ月足らずで九十六歳の誕生日を迎えるところだったのです。東京にいる母を松本へ呼び寄せて一緒に暮らし、私の車でずっとデイサービスへ通っていました。一年半ほど前から認知症の兆候は表れていたのですが、最近一段と悪くなり自宅介護を続けておりました……」

一瞬ハッと言葉を失い、あなたのお悲しみがわがことのように切なく心を覆いました。そしてご逝去をいち早く知らせていただけたことに、影の薄い私をも一縷の頼りにしてくださったしるしとして嬉しく思いました。遠く離れた地に居るため、はせ参じて御香を手向けることも叶わず、陰ながらあなたの涙に私の涙を重ねて祈るばかりでした。その日から今日に至るまで毎日お母さまのご冥福とあなた方ご一家のお幸せを祈らせていただいております。

お母さまはご立派でした。お歳とはいえ、あの苦しみのチャーズを生き抜かれ、故国へ帰られた後もなお、わが子に頼らず、九十歳まで一人気丈に自立してこられた方です。あなたはおっしゃいました。

「飢えの苦しみを知っている母は、今でも缶詰や保存食を身の回りから絶やすことはありませんでした」と。

この心構えは、贅沢に飽かされている現代人に学んで欲しい教訓です。また食べ物ばかりでなく、すべてにおいて物を大切にする心も―。質素を旨とする倹約の精神は、現代のような使い捨ての時代であればこそ、なおの事必要な美徳ではないでしょうか。それをあなたに感じたのは、お手紙を受け取ったときでした。手にした封書はいずれも郵便書簡（ミニレター）。なんと無駄をなさらない方でしょう！」と感心しておりました。それがお母さまの無言で示す教育だったのですね。常に保存食を絶やさなかった、ということは、万事に通じることであり、それをミニレターに感じたのです。今まで気づかなかったことですが、これからは私もあなたに倣い、ミニレターの愛用者となりましょう。

東京で働きながら各種の資格を取り、多様な仕事に就いておられたお母さまは、大田区に住む親戚の紹介であなたのお父さま、伴野房夫さまと巡り会って結婚。その後民間人として、夫とともに渡満（昭和十六年）されたのでした。伴野房夫さまは、新居を満州国特別市新京（長春）に構え、中国人、朝鮮人を雇って『満州日報』の集配所を手広く経営されていました。

渡満の理由は、お父さまの叔父に当たる方が満州で事業に成功した立派な人であったため、お父様もその方を頼り、一旗上げる夢を抱いて新京へ赴いたとのことでした。

新しい生活が始まったこの間、昭和十八年に長女恭子さまが誕生。翌年次女康子さまの誕生。あなたと恭子さまは一つ違いの姉妹でした。お父様は可愛いわが児を宝のように慈しまれたのも僅か一年足らず。敗戦三ヶ月前に現地召集を受け、遂に帰らぬ人となりました。病弱の体で銃を持たされたお父さまの心は、残した家族を想い千千に引き裂かれたことでしょう。

年子の乳飲み子を抱えながら、必死に夫の事業を守るお母さまのご苦労は並大抵のことではなかったと思います。多分その頃は関東軍本部も敗戦色を察知し、動きがあわただしくなっていただろうと思われます。満州国の首都、新京の街裏でも原住民の間で「日本は負ける」という暗黙の囁きがあったのではないでしょうか。心配事が山積する中で、女がたった一人ですべてを背負い奮闘することは、よほど強靭な精神と心構えがなければとうてい出来ることではありません。お母さまにはその強さがありました。

間もなく敗戦を迎えた新京の街は一変し、破壊と略奪の廃墟となりました。このとき、あなたのお家はどのような状況だったでしょうか。当然『満州日報』は潰れ、事業所で働いていた雇用人たちの態度も様変わりしたことと思われます。新京の巷には家を失い、土地を追われて命からがら逃げ延びてきた避難民たちがひしめいていました。誰もが、「新京へ行けば日本へ帰れる」、との一縷の望みに頼って押し寄せていたからです。

中国各地から必死に新京へ逃れてきた満蒙開拓団の悲惨な有様は、戦後生きながらえて故郷の地を踏むことが出来た体験者たちによって、血を吐く思いの言葉で切々と語り継がれています。

私は数年前、知人の杉山光信氏とそのご一家をモデルにした『満州の夕焼け雲』（杉山氏は物語の中の光雄少年）というノンフィクション小説を出版し、長野県信濃毎日新聞紙上に紹介されました。その折、松本市に住んでいた高齢の椙島英光さまが、電話で著書の注文をして下さいました。

「私は一人暮らしの寝たきり老人です。新聞で知りました。『満州の夕焼け雲』を一冊お願いします。私は若いとき新京にいました。敗戦の混乱のさなか、開拓団の人たちが大勢ムシロをまとった哀れな姿で彷徨っているのを見ていました。当時会社の社員寮におり、敗戦になるとすぐ倉庫の食糧をみんなで別のところへ隠しました。その食糧を同僚と共に開拓団の人たちへ配ったのです。あの凄惨な新京の街を忘れることは出来ません。代金はしばらく待ってください。介護の人が見えたとき、郵便局へ行ってもらいますので。自分では外へ出ることも出来ないのですが、今は人さまのお世話になりながら、ベッドの上で生かされている命を感謝しています」と。私はこの方の病人とは思えない朗々とした声を聞いて、胸が詰まりました。

購入くださった『満州の夕焼け雲』のクライマックスは新京の街。敗戦後、父を捜してさ迷い歩く母子は新京で再会を果たしますが、喜びもつかの間、父と妹は猛威を振るう伝染病に仆れて亡くなるのも同じ新京。椙島さまは心に焼き付くかつての新京へ曳かれる思いでお電話を下さったのだと思います。その時八十九歳とのことでした。齢を感じさせない明晰な話し方をされるこの方は、多分知性の豊かな人だろうと想像しました。

縁とは不思議なものですね。あなたは交流のある椙島さまから『満州の夕焼け雲』を教えられ、私にファックスレターでご注文下さったのですから。それがあなたと私を結ぶ糸となりました。

文面にはあなたのお歳、手染め木綿の洋服作りにいそしんでおられること、満州で生まれたこと、など記されていました。特徴のある文字とテレホンマーク画がなんとも楽しく、アイデアに富んだあなたはどんな人だろうかと、まだ見ぬ人に興味をそそられました。

私は椙島さまのご病気が気がかりで、病床の気慰みにと思い、その後別の著書を二冊差し上げたのでした。その方の苦しみは私の心から離れず、機会があったらぜひ一度お見舞いしてお慰めしたいと願っておりました。

神さまはこの小さな望みを叶えて下さいました。二〇一〇年十月、松本市で開かれた「満蒙開拓青少年義勇軍」シンポジウムに出席したときのことです。その日集会が終わった後、あなたは会場の外で待ち受け、声をかけてくださいました。一瞬、初対面なのにどうして分かったのだろう！　と驚きました。まさか駆けつけてくださるとは夢にもおもわなかったのです。小柄で可愛い感じのあなたはしきりに時計の針を気にして携帯電話をかけるなど、なんとなく急いでおられるご様子でした。

後になってお母さまがデイサービスへ通って居られることを知り、そのとき、迎えに行く時間に迫られていたのではないでしょうか。

その夜は浅間温泉の宿に泊まり、翌朝椙島さまを訪ねました。あわただしい十分間でしたが、やっと掴まり立ちされるお姿を見て心が痛みました。

背が高く、凛とした風貌を持つこの方が、商社マンの満州時代は野球選手として活躍されたと伺い、スポーツに鍛えられた逞しい身体で、さぞかし精力的に日本人難民を救われたことだろうと想像がつきました。

椙島さまはしきりに伴野雅子さま（あなたのお母さま）と話をしたかった、と繰り返しておられました。もっと早く知り合っていればたくさん話も出来ただろうにと――。この方も同じデイサービス施設でお世話になったメンバーだったのですね。そして伴野雅子さまとなぜ話しをしたかったのか、今になってようやく事情が見えてきました。それは新京の苦渋を互いに嘗め尽くしておられたからなのでしょう。もしかすると、会社の社員寮でお宅（新京の集配所）から配達される「満州日報」を読んでいたかもしれません。しかしすでに雅子さまは正常な会話が出来ない状態になっていました。聡明な椙島さまの目には、伴野雅子さまが艱難にも負けず、強く生き抜いた魅力ある女性として映っていたのではないでしょうか。それは、お母さまが誰にも頼ることなく九十歳まで自立してこられたことで分かります。

二〇一三年五月十四日、私はあなたが長野市でなさっておられる木綿の店「くれよんどーる」で会えた事を奇遇に思っています。そこで初めてあなたの身の上を知り、あなたが亡き母雅子さまを偲び、捧げた愛の手記、『母の歌』と出合ったのです。何も聞いておりませんでしたので本当に驚きました。

実は五月十二日から十四日にかけて、私は長野県下伊那郡阿智村の「満蒙開拓平和記念館」を訪ねて南信地方へ出かけました。この「満蒙開拓平和記念館」には深い想いがあり、かねてから同館建設と竣工を願い続け、実現の日を待ちわびておりました。今春四月二十五日に落成オープンとなる報せを受け、日を選んで出発しました。予定では十二、十三日を昼神温泉で泊り、なか日（十三日）は平和記念館訪問に充てるつもりでした。

高崎から阿智村へ行くには、最短コース（長野新幹線と飯田行き高速バス利用）でも六時間近くかかるため、二泊三日がぎりぎりの日程でした。ところが運よく途中のバス停より平和記念館まで自家用車で直行してくださる方が現れたため、当日正午には目的地に着き、半日ゆっくり館内を観覧することが出来ました。予定が一日早まり、十三日の朝、私は長野行き高速バスで帰途に着きました。飯田—長野間を走るハイウエイバスに乗ったのは今回が初めてです。美しいアルプスの山々を眺めながら松本が近づいてくると、あなたと椙島さまを想い浮かべました。時間も早いことだし、途中下車して松本の「手染め木綿の店」をお訪ねし、そこから椙島さまが入居される「ケアハウス安曇野の里」へ回ってみようかな、と心が動きました。結局今回は伺えませんでしたが、実は「安曇野の里」へ越されたことをその後の手紙で知り、所用で松本へ出掛けた折、ケアハウスを訪ねております。この方のご病状をいつも案じていたので、その機会に寄ったというわけです。

少々余談になりますが、その時の様子をお伝えしましょう。

安曇野へ伺ったとき、椙島さまは車椅子で数人の皆さまと共に三階ホールのテレビを見ていました。受付の職員が私の来訪を告げると、びっくりされて大きな目を見開き私を見詰めました。多分人違いではないかと思ったのでしょう。そして「ここでは話も出来ないから」と、丸い手押し車に摑まって自室へ案内してくれました。時々片手で胸を押さえ、苦しそうに喘ぐ姿を見て体調が思わしくないことを感じました。広い個室にはベッド、テーブル、椅子、テレビと本が少々……。タンスの上には奥さまのご遺影と小さな仏壇がありました。調度品の少ない居間はなんとなくがらんとして淋しさを覚えました。けれども鉄筋三階の広々としたテラスと室内から眺める安曇野の風景は素晴らしく、この大自然が広がっているかぎり、どんなに淋しく辛いときも心が慰められるのではないかと感じました。こちらには二十分ほどでおいとましましたが、その間、人には言えない辛い身内の事情も打ち明けてくださり、楊枝の先を潰して描かれた墨絵の安曇野風景を幾枚も見せてくださいました。楊枝を絵筆代わりに使っているので上手に描けないとのことでしたが、とても楊枝で描いたとは思えない立派な作でした。もう一つ、想い出を綴った自著伝を見せてくださり、素人離れした文章力に感心しました。内容は、生い立ちから満州新京での日々を主に記されており、引揚げ後については触れていませんでした。本人は、「まだ続きを書くに至らず、そのままになっている」とのことでした。野球選手として活躍したのは、旧制諏訪蚕糸中学在学中からで、新京の会社へ就職されたのも野球が動機であったそうです。

冊子に載っている写真は、野球のユニホーム姿やスーツ、オーバー姿の、背が飛びぬけて高いハンサム青年でした。さぞ女性たちの憧れの的であったことでしょう。私はその冊子を借りて帰り、興味深く読んだのでした。

老いてもなお往時の風貌がそこはかとなく漂う方でしたが、心身にさまざまの悩み苦しみを抱えておられ、私の本を「いつも読んでいます」とおっしゃった言葉に、ぐっと感ずるところがありました。

この方がケアハウスへ越してこられるとき、風呂敷包みにご自分の書いた冊子と大切にしているわずかな本、最小限の身の回り品を入れて裸同然で来られたと伺い、『マザーテレサ日々のことば』（東京女子パウロ会出版、マザーテレサ日々のことば）』を座右の銘にと差し上げました。苦しむ人、病める人、貧しい人、見捨てられて死を待つ人々に限りない愛をそそいだ現代の聖女（生存中ノーベル平和賞を受賞）に慰められ、心のよりどころとして安らいでいただきたいためでした。公立の恵まれた施設なので、椙島さまにとってはどんなにか安心して憩える終の住処となることでしょう。

さて、再び先の続きに戻りますが、私の思いつきは簡単に壊れました。松本の電話番号はもしもに備えて持参しましたが、連絡を取り合う携帯電話がなくてはどうにもならず、せっかくの案も見合わせることにしました。

ハイウエイバスは松本を通り抜けて走り、長野インターから下りて一般道に入りました。すると、「次は川中島古戦場前」という車内アナウンスが流れました。そうだ、実家に寄って今晩は故郷に泊ろう！　と大急ぎでバスを降り、生家へ向かいました。実家は古戦場の近くなのです。

翌日早朝、長野駅近くにできたという「くれよんどーる」のお店を覗いて帰ることを思い立ちました。店はすぐわかりました。染色の技を生かした木綿のブティックは、駅の裏通りにもかかわらず、手作りのセンスを好むお客さまが入れ替わり立ち代り来店してお忙しそうでした。そのわずかな合間を縫って、お母さまのことを語ってくださいました。そしてあなたが愛と感謝と惜別の情をこめて書かれた栞、『母の歌』を下さったのです。手渡されるとき、最初に口にされた言葉は、「チャーズ」を知っていますか？　という問い。初めて聞く意味のわからない言葉に一瞬たじろいで、「チャーズって何だろう？」と心中奇異な感じを受けました。

あなたは不審そうな私を見てチャーズでの出来事を話してくださり、「それについては現筑波大教授、遠藤誉さんの著書、『チャーズ』（上・下、文芸春秋刊）は圧巻なのでぜひ読まれるように」と奨めてくださいました。

私は家に帰るなり、最寄りの書店へ駆けつけ、最新作の『卡子チャーズ・中国建国の残火』（遠藤誉著・朝日新聞出版二〇一二年一二月三〇日発行）を買い求めたのでした。その本は先にも触れたとおり、驚きと涙で眼も霞むほど悲惨極まりない内容でした。

最も衝撃的だったのは、新京の街に人肉市場が出現したことです。草や木の葉までなくなると、残るものは山積する遺体しかない。餓えという弱みに付け込んで儲けようとする浅ましい業者が横行したのですね。

人間は飢餓の極限まで追い詰められると、命をつなぐために人肉まで口にしなければならなかったという例を聞いたことがあります。第二次世界大戦中、敗走して山中をさまよう日本兵が、戦死した戦友の太ももの肉を切り裂いて食べ、その場を凌いだという凄惨な話は現実にあったということです。身をもって餓えの苦しみを知っているのは、戦地の激戦を体験し、ようやく祖国へ生還出来た元日本軍兵士と、死の逃避行を潜り抜けた満蒙開拓団引揚者、その他さまざまの民間引揚者たちではないでしょうか。

康子さま、私はあなたと長野市で出会わなかったならチャーズを知らずにこの世を去ったかもしれません。人間の醜い争いが多くの人たちを不幸にしています。先日もテレビで、シリアや中東地方の幾十万もの避難民が長蛇の列を成して国外へ逃れてゆく光景が放映されていました。その人たちは涙を浮かべて取材者に訴えていました。

「私たちはテントがほしい！ 食べ物も、トイレもないのです」と。この人たちは戦争から命を守るため、必死の思いで祖国を後にしたのです。

人道主義を重んずる世界各国は、出来得る限り自国に難民を受け入れようと努力しています。ローマ教皇フランシスコも全世界に向けて平和のための祈りを呼びかけました。『二〇一三年九月七日を「シリアと中東と、全世界の平和のための断食と祈りの日」とする』と発表され、自ら同日午後七時よりサンピエトロ広場で祈りの集会を司式されたのです。そして教皇は全世界で祈りと断食のうちにひとつになり、残虐な苦しみを受けている人々の上に平和のたまものが与えられるよう、神様に祈り求めるよう、強く望まれました。私も七日の夜は夕食を絶ち、ローマ教皇フランシスコの意向に合わせて祈りました。心から戦争のない平和を望んでいるからです。古今東西、絶えず繰り返される人間のエゴイズムによる国取り戦争の悲劇をもう味わいたくありません。すべての国民は一様に平和な幸せを望んでいるはずです。

お母さまは瀋陽（奉天）にいた最後の日まで「畳の上に足が一本載ったらもう死んでもよい」、とおっしゃっておられたそうですね。『高砂丸』で舞鶴港に着き、日本の土を踏んだときのお二人の喜びが瞼に浮かびます。

このとき、あなたは八歳十ヶ月、お母さまは三十六歳だったとか……。

──十二年を過ごした満州時代から夢に見た日本に帰って、また裸一貫の生活が始まった──、とあなたは述懐しておられます。

お母さまは東京で一から始める生活の基を固めるために、断腸の思いで泣いて抵抗する小さなあなたを実家に預けました。ようやく辿り着いた故郷で、寄り添って生きてきた母子が別れなければならないことほど辛いことはありません。泣く泣くわが子を手放す母の心、親を追う子の心……、想像するだけでも涙が止まりません。

お母さまと引き離されたあなたは新しい環境になかなか馴染めず、満州の日本人学校と地元の小学校とのギャップにずいぶん苦しみました。淋しい時はお母さまが口ずさんでいた「湯島の白梅」「人生の並木道」を歌っておられたとのこと。あなたは物心つくときからお母さまの歌う歌を聞いて育ちました。

頼る人とて居ない異国の地に残されたお母さまにとって、どれほど『湯島の白梅』『人生の並木道』『砂山』の歌に慰められ、郷愁の涙をこぼされ、また生きる力ともなっていたことでしょう。その中の「湯島の白梅」「人生の並木道」の二曲はあなたにとって、お母さまが教えてくれた、忘れられない「心の歌」でした。敗戦後の荒廃した日本社会に於いても、これらの歌は爆発的に愛唱され、挫折した日本人の心に勇気と希望を与えてくれたのです。私も哀愁を帯びた「人生の並木道」を聞いては泣かされました。戦中戦後の殺伐とした世相を知る人たちには忘れられない歌です。この歌を思い出すとき、私の心には、「人生の並木道」を絵に描いたような哀れで切ない兄妹愛の物語、「火垂の墓（野坂昭如著・二〇〇六年七月ポプラ社発行）」が彷彿とよみがえってまいります。昭和二十年の戦争のさなか、親や家を失って寄辺のない戦災孤児となった十四歳の兄・清太と、四歳のあどけない妹・節子は食べ物を求めて放浪し、餓えて骨と皮ばかりになった妹は、昭和二十年八月二十二日、すみかとしたホタルの舞う水辺の壕で、人形を抱いたまままさびしく息絶えるのです。兄は枯れ木を集めて荼毘に付したあと、わずかな妹の骨片を肌身に巻きつけたまま、後を追うように一ヵ月後の九月二十二日、三宮駅構内で野垂れ死んで行く……。

敗戦前後の日本は、津々浦々にいたるまで、どこもかしこも食料に飢えていました。私は当時草を摘んで食べ、牛馬の飼料にするようなフスマ（むぎかす）を焼き餅にして食べたことを忘れることが出来ません。

「火垂の墓」の著者、野坂昭如氏はあとがきで次のように記しています。

君たちの生まれる前、戦争があった。

たくさんの人が死んだ。
そして、日本は、もう二度と戦争をしないと決めた。
だが今、戦争を迎えつつある。
いつ戦争に巻き込まれてもおかしくない状態なのだ。
君たちはこれをどう考えるのか。
君たちの周りには食べ物が溢れている。
けれど、そのほとんどが、輸入の産物。
戦争が起きれば、食べ物は入ってこなくなる。
そうなれば日本国中餓死して当然。
……中略……
戦争中、そして戦後飢えて死ぬ人を何人も見た。
戦争は嫌だ。戦争は決してしてはいけない。
君たちに同じ思いをさせたくない。
……後略……

お母さまはあなたと別れた後、東京都清瀬市の国立東京療養所で、患者の付添婦として懸命に働かれました。皿一枚ない生活から積み上げてゆき、ようやく暮しの目処がついた昭和三十二年三月、あなたを実家から引き取りました。その後付き添い制度が廃止になると、自立して病院の看護師や近所の人、知人縁者を相手に、頼まれるまま身を粉にして小物衣料の行商で働かれたとのこと。七十六歳のとき卵巣癌になり、生死を彷徨うほどの苦しみの中、病院を脱出して自宅に戻り、アサリスープの養生を続けて癌を克服し、九十歳まで自活しておられたとは、全く以ってその精神力の強さに驚かされるばかりです。

晩年は松本の娘のもとに身を寄せ、この世を去る前の一年半は、認知症、膵臓癌、多発性脳梗塞という三重苦の病気に罹り、終生苦労のし通しだった、とあなたは回顧しておられます。そして思い出に残る出来事もありましたね。お母さまが認知症の状態であるとき、あなたは知人である女性歌手のコンサートにお母さまを連れてゆかれました。歌手が「砂山」を歌っているとき、最前列の席で聴いていたお母さまは、突然、誘われるように大きな声で―海は荒海 向こうは佐渡よ……と歌われたという。すでにそのころは認知症も進んで自発的な会話も、歌も全く歌うことはなかったとのことでしたが。

―思い返せば母が人生の最後に口ずさんだ歌である―

とは、どれほど母雅子さまの心に生き続けていた歌であったかが、切ないほどよく分かります。


ありがとう、お母さん！


あなたはお母さまから受け継いだたくさんの思い出を、「精神的な財産」として、生涯使い尽くせないほど心に蓄積されていることを深く感謝されていらっしゃいます。お二人が味わったチャーズの苦しみは、珠玉の宝石となって生涯を支え、来世に喜びをもたらすことでしょう。

康子さま、私はあなたと知り合えたことを心より感謝しております。

『母の歌』の中に微笑むお母さまの写真はとても美しい！　苦しみを耐えぬき、隣人のために身を犠牲にして生きてこられたお母さまを、私たちも模範として倣いたいと思います。

第四章　宇宙衛星中継『聖母とともに過ごす祈りの夜』

―世界十ヵ所の聖母巡礼地を結ぶロザリオの輪―

秋田へ

二〇一三年十月十二日、私は高崎から長野新幹線と大宮経由秋田新幹線を乗り継ぎ、一人秋田へと向かった。行き先は秋田市郊外の小高い山の上にたたずむ聖体奉仕会聖堂。堂内には『秋田の聖母』として、海外にもその名を知られる木彫りのマリア像が安置されていた。

この聖母像からは、一九七五年一月四日より一九八一年九月十五日まで、実に一〇一回もの涙が流れるという、不思議な現象が起こった。聖母像の涙については当時さまざまな憶測と風評が飛んだが、その後、当地区を管轄する新潟教区長・故伊藤庄治郎司教の書簡発布により「出来事は事実である」として、秋田の聖母崇敬は認められた。

当時、聖体奉仕会指導司祭として、湯沢台に住んでいた安田貞治神父（二〇一三年一一月二一日帰天）は、最初から落涙現場に立ち会い、流れる涙をそのつど新しい清浄な脱脂綿で拭き取り、綿に詳細な日時を記していた。

それは六年八ヶ月余の長きに亘って続いた奇跡を証明する貴重な聖遺物とし

て、今なお大切に保管されている。

そのほか、奇跡を疑う余地のない明白な鑑定書（秋田大学医学部生化学第一教室、奥原英二教授による涙の分析と判定。なおそれに加え、奥原教授を通じて依頼した岐阜大学医学部法医学教室匂坂馨教授の分析結果を証明する鑑定書）も聖体奉仕会に保管されている。これらの鑑定書によると、聖母像の涙は『ヒト体液』であるとの決定的判定が下され、ヒト体液からは血液型も判定されたのであった。

そのほか、正確な記録が残る五百人の目撃者名と証言などもあり、それらは事実を裏付ける証拠として残り、なおかつ記録以外の目撃者も多く、のべ二千人を超えるとのことであった。

この不思議な現象は当時テレビや新聞・雑誌にも報道されて話題になった経緯があり、まだ記憶に残る人も多いのではないかと思う。これら目撃者の中には私の家族も含まれており、この章で『秋田の聖母』がクローズアップされるに付き、参考までに身近な体験を述べたいと思う。

一九七九年六月一二日朝、夫は群馬県前橋市の荻野亀松さん、同市小沢曽六さん、栃木県矢板市船渡川さん、高崎市浦野一郎さんらと共に車で秋田へ向かった。五人のうち、前橋、矢板の三人は、聖母像の出来事がテレビや新聞・雑誌に報道されると直ちに駆けつけて涙を拝し、それ以来たびたび秋田へ出向いてマリア像の涙と対面していた。前橋市の荻野さんは涙ばかりか、聖母像から漂うえも言われぬ芳香に接しており、その香りは手に持つロザリオにまで付いていた。同行の人たちはいずれも古くからのカトリック信者で、聖母崇敬の念に篤い人たちだった。その中に加わる夫は、秋田へ発つ二ヶ月前に仏教から改宗して洗礼を受けたばかりで、動機は突然我が家を襲った次のような出来事に因る。

一九七八年十月、夫は一人息子を癌で失い（享年二十一歳）、日夜悲嘆に暮れていた。息子はこの世を去る前、自分の代わりに教会へ行ってほしいと父親に頼んでおり、その後わが子の言葉に曳かれて教会の門をくぐった。

高崎教会のヨゼフ神父は、キリスト教について何も分からない夫に「神さまを信じる心があれば大丈夫。これから学んでゆきましょう」と、勉強不足を承知の上で復活祭に洗礼を授けた。受洗は、亡き子を想うあまりの哀しい親心から選んだ道であった。

当時の我が家は私だけがカトリック信者で、他の三人（夫と長男・長女）はキリスト教に背を向けていた。そのために私は家族の心情を害してまで教会へ行くこともならず、主任神父とのふれあいも疎遠であった。

息子の癌を知ったのは帰天二ヶ月半前。近くの医院から紹介されて大病院へ入院した時、あと一ヶ月の命と告げられた。夫は毎日仏壇の前で泣き暮らし、私は病人に付き切りで看病。高校へ通う一人娘（故人の妹）は黙々と家で辛い日々を過ごしていた。

この二ヶ月余の入院中、荻野さんは父子と初対面だったにもかかわらず、足しげく見舞いに訪れては秋田の聖母について語ってくれた。そのころから荻野さんを通じて前橋教会や高崎教会のフランシスコ会神父方が入れ替わり立ち代り訪れて病人を励まし、慰めてくれるようになった。息子は日一日と神に心を向けるようになり、一ヵ月後病床で洗礼を受けた。そして迎えた十月、すべてを神に委ねた安らぎの中で天へ旅立った。

夫は息子亡き後、たびたび自宅を訪れて香を手向けてくれるヨゼフ神父と荻野さんに教えられながらロザリオを祈り始めた。

「息子さんのためにロザリオを祈りましょう」と言ってくれる言葉がうれしかった。教会のことは何一つ分からない中で、最初に覚えた祈りがロザリオだった。その祈りに導かれてカトリック教会へ通うようになり、真治没後六ヵ月目に父と娘は共に洗礼を受けた。悲しみがまだ消えない中で、荻野亀松さんは夫に「秋田へ行こう」と誘ってくれた。


一九七九年六月十二日午後四時過ぎ、五人は秋田市湯沢台の聖体奉仕会へ着いた。その日沖縄と岐阜から来た巡礼者が幾人も居た。その人たちと一緒に神父の話しを聴いた後、六時から聖体奉仕会の食堂で神父、シスターを交えた和やかな夕食のひとときを過ごし、食後祈るために一同は聖堂へ行くと、マリア像の眼から多量の涙が流れていた。時計は七時四十分……。

「マリアさまが泣いている！」と、高崎の浦野さんは後続の人たちに知らせた。その声を聞いて全員聖母像の前に駆けつけ、ひれ伏して涙に咽んだ。

この夜、聖母像の眼から人間と同じ大粒の涙があふれ出て、頬を伝い、胸を濡らし、足元まで滴り落ちて濡れたという。

そのとき、浦野さんは呆然と聖母像の眼を見つめ続けたと言い、矢板の船渡川さんは急いでカメラを取りに部屋へ走って行き、戻ってくるなりシャッターを切っていた。その他の人びとは皆ひれ伏したまま泣き続けた。

夫は涙を拝した瞬間体が震え、自分の罪深さを詫びながらただ泣くばかりで顔も上げられなかったという。翌朝、マリア庭園で撮った記念写真の彼の目は赤く充血していた。よほど泣いたと見え、ショックの大きさが伝わってくるようだった。

その後、栃木県の船渡川さんが撮った写真の中でただ一枚、「泣かれる聖母像」を写したフイルムだけお姿は無かったという。頂いた写真は、聖母像の涙を綿でふき取っている安田神父の手が写る写真(このときのマリア像は眼に涙が光り、お姿も写っていた)と、司祭館で沖縄、岐阜の人たちと一緒に神父の話を聞いている光景、マリア庭園で撮った記念写真だけだった。

―マリアさまは悲しむお姿を撮られたくなかったのだろうか―。

帰宅後、夫は聖母像の涙と出会った出来事を高崎教会のヨゼフ神父に話し、

「夏休みに高校生や青年たちを秋田へ連れて行ってほしい」と願った。

そのころ、高崎教会の青年会（高校生を含む）は、二泊三日の予定で新潟へ海水浴に行くことになっていた。しかしヨゼフ神父の勧めもあって、一九七九年七月二十四日は秋田へ巡礼して修道院に一泊し、翌二十五日を新潟泊りにして海水浴を楽しむことにしたのだった。

まだ若く、群馬フランシスコ会桐生修道院のホープでもあったヨゼフ神父は、高崎から片道六百キロの道のりを自らマイクロバスを運転して青年男女二十数名を乗せ秋田へ向かった。折悪しくオイルショック（一九七十八年のイラン革命による原油価格急騰〈第二次石油危機〉）の時であり、そのあおりを受けたガソリンスタンドはどこもかしこも閉鎖。一行は車の燃料不足に苦労しながらもどうにか湯沢台へ辿り着くことができた。

一夜明けた二十五日、みんなは早めに朝食を済ませて聖堂に入ると、聖母像はわずかに涙を流していた。時計は八時十五分だった。

このとき、娘は初めて聖母像の涙と出会った。一緒に居たグループの中には、「誰かがスポイトに水を含ませて滴らせたのではないか？」と、半信半疑の青年もいたらしい。しかし娘は、天井を見ても、周りを見ても、そのような不審な気配などなかったと言う。

これらは身近な家族が体験した出来事であり、私も偽りない事実として厳粛に受け止めている。

なお、聖母像からいとも妙なるお声で、深い悲しみの言葉がS修道女に告げられていたことを銘記しておきたい。

秋田の聖母のメッセージ

世の多くの人びとは、主を悲しませております。
私は主を慰める者を望んでおります。
天の御父のお怒りを和らげるために、
罪人や忘恩者に代わって、苦しみ、
貧しさをもってこれを償う霊魂を、
御子と共に望んでおります……。（一九七三年八月三日　湯沢台の聖母）

＊　＊　＊

ローマ教皇フランシスコは、二〇一三年の信仰年終了に伴う催しとして、十月十三日を『聖母マリアの日』と定め、前晩の十二日（土）夜七時から九時半（ローマ時間）にかけて、世界の人々が聖母とともに徹夜の祈りをするように望まれた。

イベントを主催するのはローマ教区で、同市内のディヴィノ・アモーレ大聖堂（神聖な愛の聖母）がメイン聖堂としての役割を務めることになった。

十二日午後五時（ローマ時間）、ポルトガル・ファチマ大聖堂から「ファチマの聖母像」が空輸によってバチカン・サンピエトロ広場へ到着した。

出迎えた前名誉教皇ベネディクト十六世は、聖母像を教皇フランシスコが臨席するサンピエトロ広場「ファチマの聖母歓迎会場」へ案内した。広場を埋め尽くす大会衆の歓迎の中で、教皇フランシスコは聖母に薔薇の花束を奉献し、心から歓迎の言葉を述べられた。そのメッセージはビデオに収められ、後に衛星中継で世界中の人々へ届けられた。

教皇は「聖母の七つの悲しみの道行き」を祈られたあと、聖母についての講和中、「マリアは常に私たちをイエスに導きます。信仰の女性、『真の信じる人』です」と聖母マリアの深い信仰を強調された。このあと、聖母像はヘリコプターでディヴィノ・アモーレ大聖堂へ向かった。

闇夜のかなたに豆粒ほどの光が現れると、沿道を埋め尽くした大群衆の歓声とアヴェ・マリアの歌声がとどろくばかりに響き渡った。

この瞬間から宇宙衛星と各国を結ぶ中継「聖母マリアと共に祈るロザリオの祈り」が始まり、イタリア放送局がそのすべてを世界中へ中継した。

映像は、世界各国の高名な十か所の聖母聖堂（衛星中継可能な巡礼地）と、ディヴィノ・アモーレ大聖堂を衛星中継で結び、各地からの光景がメイン聖堂の場景と重なり合いながら漸次放映されてゆく。

キリスト教国ではない日本も、ローマの要請を受けて聖体奉仕会「秋田の聖母聖堂」が世界十か所の巡礼地に加えられることになり、秋田を管轄する新潟教区が衛星中継に協力することになった。

各国とも映像の届く時間帯は、地球上の時差（時刻のずれ）によってそれぞれ異なる。日本はローマとの時差が七時間あるため、十三日未明二時からとなった。『日本・秋田』が登場する時刻は後半七番目で、朝の四時半から―。なお「ディヴィノ・アモーレ大聖堂」で行われる挨拶、司会、祈り、聖歌などはイタリア語によって進行するが、ロザリオ各連の中間で明かされる証言は（各国から来た五人の信仰分かち合い）自国語で語られる。

ロザリオの祈りの放映順位　※喜びの玄義を十カ所の聖母巡礼地が分担し合う

第一玄義前半　イスラエル　ナザレ　聖母受胎告知聖堂
（証言）フランス人男性
第一玄義後半　フランス　ルルド　ルルドの聖母聖堂
第二玄義前半　インド　ヴァイランカニ　健康の聖母聖堂
（証言）俳優ピエトロ・サブッピ
第二玄義後半　ポーランド　チェンストホヴァ　黒いマドンナ聖堂

第三玄義前半　ケニア　ナイロビ　キリスト信者の助けなる聖母聖堂
（証言）ルワンダからイタリアに移住した女性
第三玄義後半　ベルギー・バヌー　まずしい者の助けなる聖母聖堂
第四玄義前半　日本　秋田　秋田の聖母　聖体奉仕会聖堂
（証言）シリア人男性
第四玄義後半　アメリカ　ワシントンＤＣ　汚れなき御やどり聖堂
第五玄義前半　アルゼンチン　ブェノスアイレス　ルハンの聖母聖堂
（証言）イタリア人女性
第五玄義後半　ブラジル　アバレシーダ　アバレシーダの聖堂

この日、私の高鳴る胸の動悸は最高潮に達していた。瞼には聖体奉仕会の重厚な和風聖堂が浮かびあがり、車窓に写る風景も風のように流れて目に留まらない。心はひたすら秋田へ、秋田へ、と飛んでいった。

振り返ると、二〇〇二年五月一日の新聖堂完成以来十一年ぶりの訪問であった。なんと長らくご無沙汰していたことだろう！

ようやく秋田駅に着いたときはすでに夕闇が迫っていた。タクシー乗り場には人が並んでおり、その大部分が湯沢台へ向からしい。

秋田市添川沿いの田園地帯を北へ連なって走るタクシー群を後方から眺め、今回の催しがいかに異例の出来事であるかを実感していた。

修道院へ着くと、聖体奉仕会の庭には大型バス、中型バス、マイクロバスが並んで場所をとり、乗用車は道路反対側の駐車場と、臨時駐車場に提供された「小羊の苑」の内側にも数多く駐車していた。

この「小羊の苑」は一万坪という広大な草原で、キリストの受難と復活の栄光を表すレリーフ堂（浮彫）が十五基、中央通路を交互に並びながら彼方の「十字架礼拝堂」まで続いている。苑内に漂う粛々とした静けさは、贖い主イエスの背負う十字架の重みと、人類への慈しみがこの地に満ち満ちているゆえであろうか。

独り、杖に縋って道行を祈る老紳士に心惹かれた。帽子を深々と被り、バックを持って腰をかがめるその風情には、信仰者の熱い心が感じられる。多分遠来からの巡礼者であろう。ふと、その人に似ている心当たりを思い浮かべた。もしや？といぶかったが、身体に障害を負う彼の人が一人で秋田まで来られるはずはないと打ち消して通り過ぎ（後に知人と分かり奇遇を喜び合った）、芝生の隅に立ってさまざまの車に目を留めた。東北、関東、中部、関西など、広範囲なナンバープレートがあちらにも、こちらにも。よくぞ遠路はるばる来られたものよ！　と感心した。喜びに胸をときめかせて馳せ集まったこれらの人びと……。みんなどんな思いでこの日を待ち詫びていたことだろう。

ああ、ようやく『秋田の聖母マリア』の名が世界中に知られる時が訪れたのだ。なんと長い道のりであったことか！　一九七五年一月四日、秋田市郊外の小高い山の修道院で、木彫りのマリア像は涙を流し始めた。それ以来一九八一年九月一五日まで、実に「一〇一回」というおびただしい涙を流し続けた。科学万能の時代にあって、奇跡などあり得ない、と超自然的実在を信じない人びとが多い中、聖母像の涙は何をものがたり、何を望んでいるのだろう。

街路灯一つない暗闇坂を登ってくる車に向かって、手に手にライトを振りかざすボランティアたちの光の輪が夜空に美しい。

聖堂前の庭にはテントが張られて、出張業者による軽食と飲み物が売られていた。巡礼者の宿泊施設である「聖マリアの家」の厨房も、ボランティアと業者の奉仕による臨時ラーメン屋とカレー屋が店開きして、一律五百円の夕食が飛ぶように売れていた。さまざまな民族の家族連れや団体、司祭、修道女たちも一杯の食事に笑顔がこぼれて皆楽しそうだった。

私は六時過ぎに軽い夕食を済ませて聖堂へ向かった。祭壇が見える席を早めに確保して、二度とない夜を徹夜で祈ろうと決めていたからである。

この思いは誰しも同じと見え、聖堂内はすでに人の群れで埋め尽くされていた。私はかろうじて北側廊下の隅に空席を見出したが、後から来た人たちは裏階段を上る二階回廊へと案内されていた。平素閉じられている階上欄間もこの日は開けられて、着席した会衆の姿が欄間越しに見えた。

聖堂正面の祭壇には、聖櫃を挟んで向かって右に「聖ヨゼフ像」、左に「秋田の聖母像」が安置されていた。いつもは北回廊奥に聖ヨゼフ像、南回廊奥に聖マリア像と分かれて安置されているが、今回は「衛星中継」という想像も付かない出来事のために移動が行われていた。特に目を引いたのは、大型スクリーンが聖像の左右前方に二台ずつ据えられていたことで、四台もずらりと並ぶ光景は何と言ってもただ事ではない。

このほか、聖マリアの家にもスクリーンが用意され、聖堂に入りきれない人々のために、「聖マリアの家」は大いに貢献したのだった。

ちなみにこの日集まった人びとは、海外から来た外国人も含めて八百名を超えた。後日読ませていただいた聖体奉仕会のブログ「湯沢台だより」には、衛星放送に協力した修道女たちの真剣な姿と衛星中継の詳しい状況が細かに記入されていた。カトリック教会の歴史を飾る麗しい催しの記録なので、聖体奉仕会了承のもとに『報告』の一部分を紹介させていただくことにした。

＊　＊　＊

聖体奉仕会　湯沢台だより　二〇一三年十月二十二日（火）

「聖母マリアとともに過ごす祈りの夜」を終えて

報告　その一「聖母マリアとともに過ごす祈りの夜」を迎えるまで

信仰年の行事のひとつとして、教皇庁立評議会が新しい福音宣教のために計画し、ローマ教区が主催した「聖母マリアの日」という二日間にわたるイベントに新潟教区が参加を呼びかけられたのは、今年七月半ばでした。新潟教区の菊地司教様とローマ教皇庁大使館から、世界十ヵ所の聖母巡礼所の一つとして、秋田の聖母のおられるここ聖体奉仕会の聖堂も選ばれたとご連絡があり、大変驚きました。世界で最大級の巡礼地のかずかずと並び、小さな巡礼地「秋田の聖母」の名が記されたメールが届いたときには、ローマは、なかなかカトリック信者が増えない日本、東日本大震災で苦しむ東北地方を心にかけてくださっているのではと感じ、小さいからこそ神様の慈しみに信頼し、呼びかけにこたえようと準備を始めました。

菊地司教様が教区民へお知らせを下さり、参加申し込み締め切りが九月十五日に定められましたが、期限を過ぎても「今日このことを知ったから」とか「聖堂がいっぱいなら外に立っていてもいいから」といった熱烈な参加希望が続々と押し寄せました。聖堂だけでは参加者を収めきれなくなり、聖マリアの家にスクリーンを設置して聖堂内の様子を放映することになりました。

規模が大きくなることが予想され、秋田教会の主任神父様は、秋田地区の取りまとめや、当日のお手伝いの呼びかけをしてくださいました。

地元の温泉施設の会社は、日ごろから湯沢台で夏は草刈り、冬は除雪などのボランティアをしてくださっていましたが、この行事のことを知ると、「たくさん人が集まって徹夜の祈りは大変だ。シスターたちだけでは来た人の食事準備さえ無理だろう」と、食事・温泉入浴・休憩場所の提供を安く申し出てくださいました。

三か月足らずの準備期間で最も苦労したのは「衛星中継」を引き受けてくれる会社を探すことでした。方々のテレビ会社から「宗教に関わることは引き受けられない」と断られ、地元の未信者の方から教皇大使にいたるまで、多くの方がたが心当たりのあるところへ声をかけてくださいました。

ついに横浜市の衛星中継会社がひと言「可能です」と引き受けてくださったときには本当にほっとしました。世界と秋田の映像と音声は、インド洋上の衛星から更に台湾の衛星を経由して互いに送受信されます。事前の準備ではイタリアとのやりとりで難題もありましたが、日本の衛星会社の「成功の自信がある」という言葉に安堵し、また多くの方がたの祈りに支えられて当日を迎えることができました。

報告　その二　第一部聖体礼拝

十月十二日土曜日。いよいよ行事本番当日がやってきました。秋田ダルクのメンバーのお手伝いで聖堂の障子・ふすまが外され、一階と二階合わせて六百の椅子が並べられた聖堂内に放送設備が設置されました。カメラ三台、スクリーンは聖マリアの家を含め十か所。階段下にはミキサースペースが設けられ、モニターが幾つも並びます。聖堂横には衛星中継車と映像中継車、発電車が配備されました。祭壇右に安置された秋田のマリアさま像には特別な照明が用意されました。

前二列にはローマ教皇大使ジョセフ・チェノットゥ大司教様、モンシニョール・ヘルヴォイエ・シュクルレッツはじめ二十三名の神父様方が着席され、午後十一時、徹夜の祈りは菊地功司教様のオープニングスピーチで幕を開けました。

「皆さん今晩は。ようこそ秋田までおいで下さいました。信仰年にあたり、さまざまな行事が行われていますけれども、このたびローマ教区と一緒になって「聖母マリアの日」に合わせてこのような素晴らしいひとときを持つことが出来ることになりました。この機会を与えられたことを心から感謝したいと思います。特にきょう全国から多くの方々にお集まり頂きましたし、新潟教区の行事ですので、新潟教区からも多くの方々がおいでになりました。神父様、修道者の方々、そして教皇大使ジョセフ・チェノット大司教様にもおいで頂いています。

私自身は司祭になってすぐ『ルルドのマリア教会』の主任司祭を八年間つとめました。アフリカのガーナという所ですが、私の教会には大きなグロット（洞穴）がありました。そこで毎年十二月八日になると金曜日から日曜日まで徹夜でマリア祭をやっていましたので、今回、徹夜の祈りをと言われたとき『なつかしい！』という思いがいたしました。ガーナではダンスをして歌をうたって非常に楽しい時を過ごしますが、日本では荘厳な雰囲気ですね。しかし心の中では喜び、楽しさを持って、あしたの朝まで神さまの前で、そしてマリア様と共に一緒にお祈りができればと思います。皆さんどうぞゆっくりと良い時をお過ごしください。」

続いて五か国語での聖体礼拝が始まりました。「アドロテ・オ・パニス」の聖歌が歌われる中、秋田教会の永山誠神父様がご聖櫃の扉を開きご聖体を顕示、そして献香。「聖体奉仕会の祈り」を全員で唱えたあと、イエス様がゲッセマニの園で祈られる福音の箇所が朗読されました。沈黙の祈りに続き聖歌「タントゥム・エルゴ」。そして祝福。

鈴の音が響く聖堂に集う誰もが、祈りを約束した人びとのためにイエス様の特別なお恵みを願ったと思います。聖体降福式の賛美の祈りをささげ、日本語での聖体礼拝が終了しました。

次のベトナム語による礼拝は、秋田県土崎教会のディエム神父様のリードで百人以上集まった在日ベトナム人の方がたを中心とした祈りが行われました。そして韓国語は岡山県玉野教会のキム・ギョン神父様、タガログ語・英語は新潟県表町教会のロレンゾ神父様のリードで礼拝が捧げられ、聖堂いっぱいにご聖体に現存されるイエス様への賛美が満ち溢れました。（以下略）

＊　＊　＊

「湯沢台だより」にも記されているように、聖堂では衛星中継が始まる前の十二日午後十一時から十三日午前一時にかけて、日本語、韓国語、ベトナム語、フィリッピン・アメリカ合同の英語による、国別聖体礼拝が交代で行われた。各国ごとに特徴を活かした祈りと聖歌が響く中、私は後部座席で共に祈り、繰りされるベネディクション（聖体賛美式）に与っていた。

短時間に四回も祝福を受けることはかつてなく、こみ上げる感謝の中で脳裏をよぎるのは、大切な人びとの面影といまだ会ったことのない心の絆に結ばれるひとびとへの遥かな思いだった。今こそ、その人たちのために祈らなければ！と縋る思いで聖体の中に在すイエス・キリストに恵みを希い続けた。

この夜決意したことは、「聖母マリアの日」にちなみ、ファチマの聖母の出来事をいまだに知らない人々へ伝えることだった。なぜ聖母マリアがポルトガルのファチマに出現されたのか。それは何を意味しているのか。紛れもない事実であるのか……。

宗教観の異なる日本人は真実を知らないばかりか、たわごとのように聞き流して意にも留めない。また、カトリック信者であっても詳しくは知らない人もいる。衛星放送が始まる前にファチマで起こった内容を知っていれば、中継に絶えず姿を映すファチマの聖母マリアをより深く理解できるのではないだろうか。

※文中たびたび出てくる「ロザリオ」とは、カトリック教会で使われる念珠のことで、四つの奥義、すなわち「聖母の喜び、五場面」「光の玄義、五場面」「キリストの苦しみ、五場面」「キリスト復活の栄光、五場面」を黙想しながら、マリアに神への取次ぎを希う祈り。その祈りは、美しい薔薇の香りのように甘美でマリアの慈しみが満ち

溢れていることから、ロザリオは聖母マリアにバラの花束を捧げる祈りともいわれている。

ファチマの聖母マリア

ポルトガルのファチマに聖母マリアが出現されたのは一九一七年（大正六年）で、今からおよそ九十五年前のことであった。当時の世界情勢を見ると、十九世紀末から二十世紀はじめにかけて帝国主義の台頭したヨーロッパでは、各国間に国益を第一にした利害関係のはげしい対立がおこり、弱国も自国を守るためにせめぎあうなど、戦争はヨーロッパ中に飛び火した。ついにアメリカも加わって宣戦布告し、大正ローマン文明に代わって軍国主義が濃くなった日本も中国へ侵入した。

一九一四年に始まった世界中を巻き込んだ第一次世界大戦はそのころ真っ最中で、どの国も軍備の増強や、ドイツが開発した飛行船、毒ガスなどの新兵器もつかわれたため、悲惨な戦争によるおびただしい死者が増えて国民の窮乏と苦痛はひどかった。この年、ロシアでは飢えと国内経済の破綻から一時戦争から撤退したが、民心の不満が噴出して一九一七年三月、ロシア革命が勃発してロマノフ王政は倒れ、十一月にレーニン、ソビエト革命政権が樹立した。

第一次世界大戦が始まる前のポルトガル国内では大きな政変が起こっていた。一九〇七年、独裁政権を握るジョアン・フランコが議会を解散して秘密結社の共和主義者を弾圧したため、一九〇八年二月、国王カルロスと王太子ドン・ルイスが彼らに殺されて王政は終わった。ポルトガルの首都リスボンでは過激な共和主義者による革命が成功して一九一〇年十月五日、共和国が宣言された。共和政が成立してからは無秩序が目立ち、宗教を根絶しようとする政権者たちによって宗教迫害が起こった。第一次世界大戦が勃発してから、ポルトガルは連合軍側に属して戦っていた。戦争の最中、山麓地帯のファチマはまだ影響も少なく穏やかであった。

ポルトガルはもともと聖母マリアを深く愛し、敬っていた伝統的なカトリックの国で、人々は聖母マリアへの信心が厚く、どこの家庭でも毎日ロザリオを祈る習慣が数世紀にわたって受け継がれていた。

国がこのような状況に追い込まれていたとき、山の中の小さな村ファチマで、ルチア（十歳）、フランシスコ（九歳）、ヤシンタ（七歳）の三人の牧童に聖母マリアが出現したのである。

フランシスコとヤシンタは兄妹で、ルチアはその従姉であった。三人の子供たちはいつもカペソの丘へ来て、弁当を食べ終わると必ずロザリオを祈り、その後で羊を見守りながら遊ぶのが常であった。

一九一六年の春、三人の牧童はいつものようにカペソの丘で羊に草を食べさせていた。突然突風が起こり、近くのオリーブの木の上に大きな光に包まれた人影が現れ、子供たちのそばに近づいてきた。光り輝く真っ白な衣服の十四、五歳と見られる美しい若者は、

「怖がらないでください。私は平和の天使です。私と一緒にお祈りしてください」と言って、ひざまずいてひれ伏し、

「わが主よ、私は主を信じ、礼拝し、愛します。私は主を信ぜず、礼拝せず、希望せず、愛さない人びとの代わりにお許しを願います」

と祈り、いつもこのように祈るようにと、子供たちに教えた。天使はその後、

夏と秋に現れ、

「主に背くたくさんの罪と、罪人たちの改心のために犠牲を捧げなさい。あなたたちの国の上に平和を呼び下すように努めなさい。私はその守護の天使、ポルトガルの天使です。特に主があなたたちに送られる苦痛をお受けし、しのいでください」と子供たちに言った。

天使の幻示は、子供たちに熱心に祈ること、祈ることを知らない人びとのために祈ること、信仰も愛も知らない人びとのために償いをすることを教えた。このときからますます熱心に祈り、すすんで苦行を捧げるようになった。

【第一回出現】

一九一七年五月十三日、三人の子供たちは教会のミサに与かったあと、弁当を持って羊たちとコヴァ・ダ・イリア（ルチアの両親が持っていた土地）へ行った。昼食の後、草むらにひざまずいてロザリオを唱えたあと、いつものように羊を見ながら遊んでいると、晴れ渡った空に突然激しい閃光がきらめいた。恐ろしくなって急いで坂を下ると、もっと強い閃光が起こり、子供たちはその場に立ちすくんだ。見ると、数歩離れた小さなひいらぎの木の上にまばゆく光り輝く貴婦人が立っていた。

真っ白いドレスは足元まで覆い、金色に縁取られた純白のヴェールは頭上から肩を被い裾が足元まで届いていた。両掌は祈るように胸で合わされ、銀色の十字架が付いた真珠のように光るロザリオを右手から下げていた。逃げ出そうとする子供たちに貴婦人は優しく声をかけ、

「怖がらないでください。わたくしはあなたがたが六ヵ月続けて、毎月十三日、今日と同じ時間に、ここにいらっしゃることをお願いにまいりました。十月にはわたくしが誰であるか、何を望むかを申しましょう」

と言われた。太陽のような光の輪に包まれた美しい貴婦人のお顔にうっすらと憂いの色が漂っていた。そして、

「あなたがたは主に犠牲を捧げ、主にそむくたくさんの罪の償いのため、苦しみをお受けしますか？　罪びとの改心のために、マリアの汚れないみ心になされる冒涜とあらゆる侮辱の償いのために、苦しむことを欲しますか？」と尋ねられた。

「はい、私たちは望みます」とルチアが答えた。

「あなたがたはたくさん苦しまなければなりません。けれど、主のお恵みがいつもあなた方をお助けになり、お支えくださいます」

と付け加えられた。

ルチアの尋ねた「戦争はまだ続きますか？　それとも、もうすぐ終わりますか？」という質問には首を横に振られ、

「それはまだ言えません。私の望むことをまだ話しておりませんから」

と答えられた。

貴婦人は祝福するように両手を広げると、強く透る神秘的な光線が子供たちの魂の深くまで達して、三人は抵抗できない光に打たれてその場にひれ伏した。貴婦人は静かに東のほうへ遠ざかり、太陽の光の中に消えた。

この第一回のご出現では、ルチアが
「あなたさまはどちらからお出でになったのですか」とお尋ねしたとき、

「わたくしは天国からまいりました」

と貴婦人はお答えになった。ルチアは

「わたくしも天国へ行かれるでしょうか?」と尋ね、ヤシンタとフランシスコも天国へ行かれるかと尋ねたとき、フランシスコについては「その前にもっとたくさんロザリオを祈らなければなりません」と、彼に慈しみのまなざしを向けられたという。三人はこの事を誰にも言わない約束をしたのであるが、小さなヤシンタは美しいお方に会ったことを黙っていられず、とうとう母に話してしまった。

【第二回出現(一九一七年六月十三日)】

子供たちが正午まえコヴァ・ダ・イリアに行くと、大勢の村人が様子を見ようと集まっていた。三人はひざまずいてロザリオを唱えたあと、東の方を向いて美しい貴婦人を待った。そのときルチアが、「あっ、光が! 貴婦人がおいでになります」と言って小さなヒイラギの木のそばへ駆け寄った。貴婦人はそこへ出現された。

貴婦人は子供たちに、「次の月もここへ来るように」と言われ、毎日ロザリオを祈ることを勧め、ルチアに「読み書きができるように勉強しなさい」と言われた（当時ポルトガルの地方では初等教育が遅れていた）。

また、フランシスコとヤシンタが近いうちに死ぬことを告げ、ルチアはこの世に生き残って、人びとに聖母のメッセージを伝える使命を託されている、と話された。

貴婦人が両手を開くと、強い光線が発せられ、その右手の前に茨に取り巻かれて、刺されている心臓を見た。子供たちは、マリアの汚れないみ心が、世界の数々の罪で苦しめられ、償いを願っていることを悟った。

美しい貴婦人は語り終わると、東の方へ去っていった。

聖母の噂はたちまち広がり、子供たちは親たちから嘘をついていると、厳しく詰問され、咎められ続けた。ヤシンタとフランシスコの親はその後、出現を信じて子供たちを保護したが、ルチアの母は嘘を白状させようとルチアに厳しく当たった。


【第三回出現（一九一七年七月十三日）】

信じる人びとの数は日増しに増え続けた。この日集まった群衆は、四、五千ともいわれている。

正午、まばゆい閃光が走って、光の輪の中に貴婦人がお現れになった。ルチアの合図で人びとはひざまずいた。子供たち以外の人びとにはその姿と声は聞かれなかった。

貴婦人はやさしい声で、

「次の月の十三日もここへ来てください。戦争が終わるために毎日ロザリオを唱えなさい。乙女マリアの取次ぎによってこのお恵みが得られるでしょう」

と言われた。そして、罪人たちの改心のため、マリアの汚れないみ心になされる侮辱の償いのために、犠牲を捧げることを繰り返して望まれた。貴婦人はこのときも、いつものように去って行かれた。

出現のあいだ、子供たちは非常に悲しそうな顔をしていた。ルチアは後になって二十五年を迎えた年、教会の許しのもとに、始めてその時のことを書いた手記を公表した。それによると、聖母が最後のお言葉を言われたとき、両手を開くと地獄の光景が現れた。恐ろしさのあまり、助けを求めて目を上げると、

「あなたたちは、哀れな罪人たちの行き着く地獄を見ました。この人びとを救

うために、主は世界に、わたくしの汚れない心の信心を設定されました。もし人びとがわたくしのメッセージを実行するなら、たくさんの魂が救われ、人々は平和を得るでしょう。戦争は終わりに近づいていますが（一九一四年―一九一八年）、人びとが主に背くことを止めなければもっとひどい戦いが始まるでしょう。それを止めさせるために、わたくしはロシアをわたくしの汚れない心に奉献することを求めます。人びとがわたくしの要望を受け入れるなら、ロシアは改心し、人びとは平和を得るでしょう……」

と言われ、合わせて

「もしそうしなかったなら、ロシアは世界中に誤謬を広めて戦争と教会の迫害を推し進めることになるでしょう。罪の無い人たちが殉教し、教皇さまには多くの苦しみが訪れます。いくつかの国はもう無くなってしまいます。それでも最後には私の汚れない心が勝利を収めるでしょう。教皇さまはロシアを私に奉献し、ロシアは私に回心するでしょう。そして何年かの平和が世界に訪れるでしょう」

と伝えた。

【第四回出現（一九一七年八月十三日）】

この日、ファチマは二万人近い人びとの群れが押し寄せ、聖歌を歌い、ロザリオを唱えながら貴婦人の出現を待っていた。しかし、正午になっても三人は来なかった。群衆は不審がったが、子供たちは捕らわれて牢屋へ入れられたという情報が入り、大騒ぎになっていきりたった。

そのとき、群集をなだめるかのように、晴れ渡った青空に突如雷鳴がとどろいた。それからひいらぎのそばで強い閃光があり、同時に太陽の光はうすれ、大気は黄金色に染まった。美しい薄雲がひいらぎのそばに生じ、空に上がって消えた。群衆はこれらの不思議を見て、奇跡、奇跡、と叫び、各々心が慰められて帰った。

郡長は八月十三日、子供たちを出現場所に行かせないために、子供と父親を郡役所に出頭させた。三人は牢屋に入れられて警吏から厳しく問いただされ、脅されて、医師の診断を受けさせられたのであった。

【ウス・ヴァリニュスのご出現】

八月十九日、三人はウス・ブァリニュスという場所にいると、四時ごろ、コヴァ・ダ・イリアと同じような光景が起こり、貴婦人が光の輪に包まれてそばのひいらぎの上に出現し、

「わたくしはあなたたちが十月十三日までコヴァ・ダ・イリアへ続けて行き、毎日ロザリオを唱えることを望みます。最後の日、わたくしはすべての人が信じるように奇跡を行いましょう。あなたたちは幼いイエズスさまと聖ヨゼフさまが世界に平和を与えようとするのを見るでしょう。また、人びとを祝するみ主と、ロザリオの元后と悲しみの元后を見るでしょう」

と告げられて立ち去られた。

【第五回出現（一九一七年九月十三日）】

人びとのファチマへ向かうおびただしい群れは前日から続き、遠方からも巡礼者たちはロザリオを唱えながら徒歩で集まってきた。正午前、三人の子供たちは到着し、ルチアはそこにいる大勢の人びとに「お祈りしてください」と叫んだ。その声でいっせいに人々はひざまずき、涙を浮かべながら熱心に祈る光景が見ら

れた。

ちょうど正午になったとき、青空の太陽は光を失い始め、あたりは黄金色になった。一個の光のかたまりが東から西へゆっくりと荘厳に空をすすんで、ひいらぎのそばへ近づき、白い薄雲となってひいらぎと子供たちを包んだ。不思議なことに、晴れ渡った空から白い花びらのようなものが降り始めて地上より少し高いところで消えた。群衆は三人と貴婦人が話しているのを感じたが、ルチアの声が聞こえただけで、貴婦人を見ることも、声を聞くこともできなかった。貴婦人は子供たちに向かって、

「戦争が終わるために（第一次世界大戦中）、たくさんロザリオを唱えなさい。十月十三日には聖ヨゼフさまと幼いイエズスさまと一緒に来ます」

と約束され、その日は三人がかならず来るようにと望まれた。そして光のかたまりは太陽のほうへ進み、太陽の光の中に消えた。


【第六回出現・ファチマの大奇跡（一九一七年十月十三日）】

十月十三日はご出現の貴婦人の名前が告げられ、すべての人が信じる大きな

奇跡が起こる……、と告げられたことが新聞に報道されて、国中が大騒ぎになった。人びとは興奮と期待で当日を待った。前日からファチマへ向かう道路という道路はいっぱいになり、ロザリオを唱え、聖歌を歌いながら進む大群衆で埋まった。新聞記者たちも各地から集まってきた。

十月十三日は明け方から大雨が降り続いた。ところが悪天候にもかかわらず、ますます群集が押し寄せ、その数は数え切れないほどとなった。土砂降りの雨でコヴァ・ダ・イリア一帯はどこもかしこも泥だらけとなり、皆ずぶぬれになったが、人びとはロザリオを唱え、聖歌を歌い、丘は祈りと歌声があふれて、天にとどろくばかりにこだました。ひいらぎの前にいたルチアは群集に傘を閉じるように大声で言った。

正午ちょうど、空に閃光が走った。群集は子供たちのまわりに白い雲が下り、空に上がって消えるのを見た。その雲は三回にわたって下り、上がって消えた後、ひいらぎの上に貴婦人が現れ、

「わたくしは『ロザリオの元后』です。わたくしはここにわたくしの名誉のため聖堂を建てて欲しいのです」と言われた。また、

「毎日ロザリオを唱えることを続けるように」と望まれ、

「戦争は終わりに近づいています。兵士たちが家に帰るのも間もないでしょう」

と言われたあと、

「人びとは悔い改め、自分たちの罪の赦しを願わなければなりません」

そして悲しいご様子をされ、哀願されるようなお声で
「人びとはすでにあまりにも主に背きました。もうこれ以上主に背かないように」と言われた。これが最後におっしゃったメッセージであった。子供たちは聖母マリアの悲痛な表情を深く記憶に留めた。

聖母が両手を広げて子供たちに別れの挨拶をされると、突然雨は止み、雲は大きく割れて青空に太陽が現れた。このとき、七万とも、十万ともいわれる大群衆は今まで見たこともない壮大な現象を見た。まばゆさを消した銀色の円盤の周りに輝く日食のような冠を眺めていると、突然太陽は身震いをした。その体に急激な動きが起こって火の車のように回転し始めた。

四方八方へおおきな光線を放ち続け、光は緑、赤、青、紫などさまざまに変化して、見渡す限りの自然と人びとを色取って空を駆け巡った。それは数分続いた。

群集がこの光景に見入っているあいだ、三人の子供たちは太陽のそばに聖家族を見た。ルチアの言葉によると、

「私はマリアさまのそばに聖ヨゼフさまと幼いイエスさまを見ました。次ぎに、群集を祝福するイエスさま、聖母マリアさまが七つのお悲しみの聖母のような衣装で現れましたが刃はありませんでした。最後に違う衣装のマリアさまを見ましたが、カルメル山の聖母のようでした。白衣と空色のマントを召され、手にスカプラリオを持っておられました」

その間太陽の不思議は続き、しばらく停止すると、また光と色を放ちながら空を駆け巡る幻想的な大乱舞が続いた。三度目に太陽は人びとを休ませるように華麗な乱舞を停止した。それから言語を絶する壮絶な場面が繰り広げられた。

突然、太陽は空から群集めがけて突進してきた。空に飛び上がってはまた落下を繰り返した。太陽が近づいたとき、強烈な熱さが人々を襲った。悲痛と叫び声が沸き起こり、恐ろしさのあまり人びとはひざまずいて、

「主よ、私を憐れんでください」

「罪をおゆるしください」

と、口々に心から悔い改めの祈りを唱えた。そのとき、太陽は墜落を突然止め、もとの青空に収まった。一人の無信仰だった老人が、「聖なる乙女！　祝せられた乙女！」と叫び、「ロザリオの聖母よ、ポルトガルを救いください！」と両手を空に振りかざして叫んだ。するとあちらでも、こちらでも、同じような人びとの光景が見られた。それは信仰者も、無信仰者も、田舎者も、都会人も、学者も、新聞記者も、みな例外ではなかったという。十分後回転は静止して、われに帰った人々は、みな自分の着物がきれいに乾いているのに気付いて驚き、聖母に感謝した。この現象は、離れた遠い地方からも見られたという。

〈出典〉ドミニコ会渡辺吉徳著『ファチマの聖マリア』ドンボスコ社

聖母のお言葉通り、フランシスコは二年後（一九一九年四月四日）病気にかかって十一歳の命を閉じた。続いてヤシンタも病気になり、十ヵ月後（一九二〇年二月二十日）九歳で亡くなった。二人とも最後まで罪人の改心と償いのために祈り、病苦を犠牲として捧げた。

その後、ファチマの聖母ご出現の地に大聖堂が建立され、そこへフランシスコとヤシンタの墓も移されたが、移動に伴いヤシンタの墓が発掘されたとき、少女の遺体は腐敗せず、生前のままの姿であったという。子供ながら二人の捧げた苦行と祈り、数々の徳行は人びとの称えるところとなり、フランシスコとヤシンタの取次ぎによる奇跡も認められたため、二人はローマ教皇から福者の尊称を与えられた。

ご出現の後、ルチアはコインブラのカルメル会に入会して修道女となり、沈黙と祈りの生活を送るようになった。聖母から託された三つの秘密はルチアによって書き記されて教会の長上へ提出され、ローマ教皇によって一定期間封印（聖母の要請による）をされた。後に公表されたのは二つで、その一つは「死後の地獄の実在と警告」について。聖母は第三回ご出現のとき、三人の子供たちに地獄の光景を見せた。子供たちはあまりの恐ろしさに震え上がった。世の多くの人びとが罪を悔い改めないために、死後永遠の地獄へ堕ちてゆくことを明示している。この手記は、ファチマの聖母出現二十五周年を迎えた年に公表された。

第二は大戦争の終焉と勃発。第一次世界大戦はまもなく終結（一九一八年）することを予告。しかし人びとが神に背くことを止めないなら、もっと悲惨な大戦争が起こると言われ（第二次世界大戦の予告）、それを阻止するためにロシアを聖母の汚れないみ心に奉献することを深く望まれた。一九四一年十二月八日、予告どおりついに第二次世界大戦が勃発した。この聖母の要請に基づいて一九四二年十月三十一日、教皇ピオ十二世はファチマの出現二十五周年を記念して、教会と全人類を聖母の汚れない御心に奉献した。神をも恐れぬ軍国主義（日本・ドイツ）や共産主義（ソビエト）の侵略はヨーロッパ諸国、アジア諸地域にも拡大する大戦争となり、おびただしいキリスト教徒が殺され、戦争に巻き込まれた国々の住民、兵士たちも数限りなく死んだ。その残酷な戦争も終結し（一九四五年八月十五日）、世界に平和が戻った。そして一九五二年七月七日、教皇ピオ十二世は「ロシアの人びと」を聖母の汚れない御心に奉献した。聖母のお言葉通り、ソビエト政権は第二次世界大戦後に崩壊して自由なロシア国に戻り、ロシア連邦から祖国を取り戻した国々も多い。

封印されたままの第三メッセージは、ローマ教皇ヨハネ二十三世が封印を解いて閲覧したが、その内容に絶句して再び封印してしまったという。

次の教皇パウロ六世も再度封印を解いたが、そのあまりの内容に数日間人事不省になったという。こうした経緯の後で教皇庁は一九六〇年以来四十年発表を先送りにしてきたファチマ第三のメッセージを正式発表した。

※公文書「ファチマ第三の秘密教皇庁発表によるファチマ『第三の秘密に関する最終公文書』(教皇庁教理省)。しかし内容については伝わっていない。

教皇ヨハネ・パウロ二世は、二〇〇五年二月二十三日に著作『記憶とアイデンティティー』においてファチマのメッセージの全容に関する解釈を開示し、その内容を一九八一年五月十三日の教皇暗殺未遂事件であったと規定し、背後に二十世紀に生まれた暴力的なイデオロギーに属するしっかりした組織があったと述べ、更に二〇〇五年四月に発表された遺言において、核戦争なしに冷戦が終結したことを神の摂理として感謝している。

聖母より託された第三の秘密を教皇に提出したルチアは二〇〇五年二月十三日、コインブラのカルメル会修道院で帰天。九十七歳であった。

〈出典〉インターネットブログ・ファチマの聖母
　　　　　フリー百科辞典『ウィキペディア』

私がルチアの死を知ったのは、千葉県市原市の広田悦子さんによってであった。悦子さんは二〇〇五年二月十二日ご主人と一緒に日本を発ち、十三日（土）ポルトガルのファチマに着いた。

帰国後彼女から弾む声で電話があり、引き続き手紙と写真が送られてきた。それによると、ファチマへ到着した日

「今朝、カルメル会修道院のルチア・ドス・サントス修道女が亡くなられました」

と、ポルトガルのニュースはいっせいに報じており、その日は一日中黒縁めがねをかけて黒い修道服に包まれたルチアの遺体がテレビに映り、大勢の聖職者が棺の前で祈る様子が国中に伝えられていたという。

友人はルチアの死去をファチマの地で、映像を通してつぶさに眺めた出会いに驚き、感無量の思いであったと知らせてくれた。

「奇遇ともいえる恵みの旅行でした」と語る喜びの言葉を最後に、悦子さんは

まもなく病床に臥す身となって数年後天へ旅立っていった。

聖母マリアのご出現を受けて重大なメッセージを託されたルチアは、生涯カルメル会修道院の深い祈りと沈黙の中でその任務を全うした。

ルチアは亡くなった二月、カルメル会修道院の墓地に埋葬されたが、「一年後にはファチマに移されるでしょう」と、聖母から告知されていた。

ルチアの望みは、ファチマ大聖堂に眠る彼女の聖なる従弟妹たちの隣に葬られることであったが、予告どおり二〇〇六年二月十九日（日）、ルチアの遺骸はヤシンタの墓の隣へ移動が行われたのであった。

ローマと世界十ヵ所の聖母巡礼地を結ぶ衛星放送

ファチマの聖母ローマへ

二〇一三年十月十二日、ポルトガル・ファチマ大聖堂から飛行機で運ばれた聖母像は午後五時バチカン・サンピエトロ広場へ到着した。名誉教皇ベネディクト十六世（故ヨハネ・パウロ二世（帰天二〇〇五）の後任教皇。二〇一三年春教皇職を辞し、名誉教皇として教皇フランシスコの補佐を務める）に迎えられて、聖母像は白バラで飾られたかぐわしい御輿に乗り、教皇フランシスコが臨席するファチマの聖母歓迎式典会場へ麗しい姿を現した。広場を埋め尽くす十余万の巡礼者たちは、歓喜に溢れて聖母マリアにハンカチを振り続けた。教皇フランシスコはバラの花束と奉献の祈りを捧げたあと、自ら祈る「聖母の七つの悲しみ」の唱和と、信仰についての講話を行った。

その後聖母像はバチカンを後にして、ヘリコプターでローマ市内のディヴィノ・アモーレ大聖堂へ向かった。この瞬間から宇宙衛星によるテレビ中継が世界を駆けめぐり、一斉に放映を始めた。日本・秋田も十三日午前二時（ローマ時間十二日夜七時）を期してその幕を開けた。

聖堂に流れる荘厳な歌声……、ひときわ目立つパイプオルガンの荘重な調べ――。聖歌隊の歌声と共に全容を現した壮麗なディヴィノ・アモーレ大聖堂。なんと美しい聖母マリアの殿堂だろう！　闇に浮かび上がる聖堂は、金色に輝いてえもいわれぬ神聖さを漂わせていた。

アヴェマリア～　アヴェマリア～　アヴェマリア～

顔を紅潮させて高く、低く、ひたすらみ名を繰り返すオペラ歌手のメンバーたち。聖母への愛をこめて一心に歌う、そのクローズアップされた瞳は涙に潤んでいた。

御名の賛歌が終わると、代わって「愛のみ母」の歌声が粛々と流れた。パイプオルガンの前に居並ぶ聖歌隊が歌っていた。タクトを振る神父と司祭、シスター、信徒の面々。一同は聖母を表敬する水色のストールを胸に下げていた。歌声は聖堂からあふれ出て、広場といわず、沿道といわず、集まる全ての人びとに広がっていた。聖母を迎える群衆の姿には深い謹みと喜びが見られた。

―愛のみ母よ―、日本カトリック聖歌集にもあるこの歌が、まさかローマで歌われようとは思いもよらず、私は感極まって涙ぐみながら一緒に歌いだしていた。心境は異郷の地で懐かしいふるさとに出会えたような、こみ上げる嬉しさであった。何故なら、この聖歌は私が受洗した昭和二十年代から慣れ親しんできた忘れられない心の歌だったからである。

愛のみはよ　わが喜びよ
身をも魂をも　君に捧げん
いつの日にか　見え奉らん
花咲きにおう　ゆかしみ園

…………

聖歌隊席前方高く、AVE　MARIA（アヴェ・マリア）と、大きなアルファベット横文字が聖母マリアを讃えるように燦然と光っていた。聖堂の祭壇右には、高々と掲げられる大きな聖母マリアの額。この聖画こそ、ローマの荒野で旅人を救った奇跡の『神の神聖な愛の聖母』（ディヴィノ・アモーレ）であると分かり、私はその画像に惹きつけられた。
（絵の説明：額の中央に后の冠を被る聖母マリアと王冠を被る幼な児イエスの姿。ブルーのマントをまとうマリアはイエスを抱いて椅子に掛け、イエスはその懐から母を見上げ、右指で母を指し示している。聖母子の両脇には二人の天使。左の天使は聖母に香を捧げ、右の天使は竪琴を奏でる。聖母の頭上高く聖霊を表す鳩と、聖霊から下る光線）衛星放送中、「神聖な愛の聖母」の額は聖堂の祭壇脇高く幾度も出てくる。では、それは奇跡の恵みを証しするディヴィノ・アモーレの象徴でもあった。では、この地に起こった奇跡とはどのようなことであろうか。

一七四〇年春のことであった。ある日、この地方の原野を聖ペトロの聖堂へ向かって長い道のりをたどってきた一人の巡礼者がいた。ペトロの聖堂まであと十二キロという所まで来たとき、旅人は道に迷ってしまった。あたりには人家もなく、人影すらない。遠くのほうで羊の群れを見守る羊飼いたちを見かけたがそのまま行過ぎた。行けども、行けどもペトロへの道は分からない。このような場所でさまようことは、万一盗賊や野犬の群れに襲われても人に助けを求めることすらできない危険があった。

旅人は神に助けを願いながら歩いていると、遥かかなたの丘の上に城の遺跡を発見した。道を教えてもらおうと思い、古城を目指して歩いていった。ようやくたどり着いて入り口をくぐろうとしたとき、突然現れた獰猛な野犬の群れに囲まれた。凄まじく吠え立てられてあわや喰いちぎられそうになったとき、旅人は恐ろしさのあまり大声で助けを求めようとしたが近くには誰もいない。その時、遺跡の門を仰ぎ見ると、聖母マリアと幼子イエスの絵があった。マリアの頭上に鳩の姿で表される聖霊を見た。

思わず「マリア様お恵みください！」と叫んで助けを乞い求めた。すると、今にも飛びかかろうと構えた猛犬の群れはそのまま止まり、何かの神秘的な命令に従うかのように去っていった。叫び声を聞いて駆けつけた羊飼いたちに旅人は不思議な出来事の全てを話した。

そのことは羊飼いたちを通していたるところへ伝わり、たちまち奇跡の噂は地方一帯に広まった。以来その場所は聖母マリアと幼な児イエスを訪ねて恵みを願いに来る巡礼の地となった。日を追うにつれてますます巡礼者は増えてゆき、後にそこへ小さな聖堂が建った。その後聖母マリアに捧げられた現在の大聖堂が建立された。各地から訪れる巡礼者たちはあとを断たず、今も聖堂の聖母に願いごとを祈り続けている。

大聖堂に名づけられた「ディヴィノ・アモーレ（神聖な神の愛）」とは、鳩の姿をした聖霊を意味しており、聖霊の恵みを溢れるほど頂いた聖母マリアのことを指しているという。

聖母マリアとともに過ごす祈りの夜

深い藍色の空に現れた小さな光。その光は揺れながら次第に降下してきた。ファチマの聖母像を載せたヘリコプターの到着であった。

待ちわびる群衆はローソクを光の方向へかざして、歌う聖歌も一段と熱を帯びた。そのメロディにはなんとなく聞き覚えがあった。御聖体の宣教クララ修道会の創立者、福者マリア・イネス・テレサの列福式（二〇一二年四月二〇日）がメキシコ・グァダルペ大聖堂で挙行されたとき、聖歌隊のシスターたちが高らかに歌う、あの聖母賛歌に似ている。DVDの実況中継を繰り返し見ては感動した余波がまだ心にあり、もし聞き違いでなければ、この歌もまた、「愛のみ母」に次ぐ懐かしいめぐり合いになったといえる。

暗い夜の沿道に、金色の光を放つ燭光が延々と続く。聖母を迎えようと道路を小走りする人々の並立ち。暗闇に影を落とす、森のような、丘のような、薄墨の背景もおぼろに見える。この一帯は昔、旅人が迷った原野であろうか。そうであれば聖ペトロ大聖堂とディヴィノ・アモーレとの距離はおよそ十二キロ……、ローマ市内といってもかなりの道のりなので、聖母像の移動はヘリコプターだったのだろう。

聖母の行列が近づくと、みんな待っていたように「ルルドの聖母」を歌いだした。

天のきさき　天の門
うみの星と　輝きます
（繰り返し）
アヴェ　アヴェ　アヴェ　マリア
アヴェ　アヴェ　アヴェ　マリア

百合の花と　気高くも
咲き出でにし　聖きマリア
奇しきばら　芳わしく
恵みたもう　愛のみ母
………

小さな子供たちを先頭に、溢れるほどの白バラで飾られた御輿に乗る聖母像が遠くから静々と近づいてきた。襟を正した人びとがそのあとに従い、御輿の両側には各国の旗を持つ男性グループが付き添っている。

イスラエル、フランス、インド、ポランド、ケニア、ベルギー、日本、アメリカ、アルゼンチン、ブラジル。

列の中に日本の国旗が見えたとき、秋田の聖堂では割れるような大歓声と拍手が沸き起こった。他国とは比べものにならないほどキリスト教徒の少ない国が、伝統あるカトリック教国と肩を並べて歩いている……。その時、マリアのみ心が日本国民に向けられていることを感じた。

御輿の上の聖母マリアは后の冠を頭に載せ、清らかな純白のドレスをまとい、ロザリオを手にして、祈るように両掌を合わせている。ややうつむき加減の麗しい面差しには、憂いと悲しみの色がほのかに漂っていた。

「ああ、マリアさまは私たちの罪のために悲しんでおられる!」

と、一瞬胸に痛みがはしり、思わず涙を零した。これが涙の始まりで、私は聖母のみ顔と向き合う二時間半あまりを泣き続けたのであった。

おびただしい蝋燭の行列。繰り返されるアヴェ・マリアの歌声……。

行列はデヴィノ・アモーレ大聖堂の入り口に着いた。聖母に先立つ各国の国旗が聖堂に入ったとたん、堂内から大喝采が沸き起こった。続いて聖母マリアが入堂されると、人びとは一斉に立ち上がって拍手を送り、歓迎のハンカチを振り始めた。聖母像は静かに祭壇へ進み、所定の場所に安置された。静かに流れる「ファチマの聖母」の讃歌。それは、ファチマのコヴァ・ダ・イリアで三人の子供たちに語りかける様子を歌っていた。

ああうるわし　若葉ゆれて
ひかりのきみ　立たせたもう
（おりかえし）
アヴェ　アヴェ　アヴェマリア
アヴェ　アヴェ　アヴェマリア

おさなごたち　招きたまい
神のひみつ　ささやきたもう

おんみこそは　愛のきわみ
われらの母　慕いまつらん

ロザリオもて　平和いのれ
罪に泣けと　諭させたもう

おおマリアよ　み手をのべて
世のゆくすえ　照らしたまえ
……………

人々は聖母マリアを見つめて歌い、ハンカチを振った。外にいる大勢の人びとも聖堂に向かってハンカチを振りながら歌い続けた。

歌声の中をおもむろに壇上へ上がるアゴスト・ヴァリーニ枢機卿と司教、ほか白い祭服を着た司祭たち。マリアさまの先導を務めた正装の子供たちは祭壇に近づいて、アゴスト・ヴァリーニ枢機卿から一人ひとり祝福を受けた。そしてふたたび「愛のみ母」の歌が流れた。

アゴスト・ヴァリーニ枢機卿は聖母像に献香した後、人びとに向かって開会の辞を述べ、続いて教皇フランシスコのビデオメッセージを伝えた。

秋田では新潟教区長・菊地功司教がマイクを通して、そのメッセージを訳してくれた。

「教皇フランシスコのメッセージ」二〇一三年十月十二日

ディヴィノ・アモーレの大聖堂につどっている巡礼者の方々、マリアさまが現れた全世界の主な大聖堂、また現在中継でつながっているルルド、ナザレ、ルハン、ヴァイランカニ、グァダルーペ、アキタ、ナイロビ、ベネルクス、チェンストホヴァ、アパレシーダ、ワシントンDC、そしてマリア・ヴァレーの聖母教会の皆様、

今夜マリアさまのまなざしのもとに、私もロザリオと御聖体礼拝を通して皆様全員と一致していることを心から感じます。まなざしはどんなに大切でしょうか！　まなざしを通してたくさんのことを伝えることができます。情愛、励まし、あわれみ、愛。けれども同時に非難、ねたみ、傲慢、憎しみまで表すことができます。ときどき、まなざしは言葉よりも、言葉以上に私たちの感情を相手に伝えます。言葉で言えないことまで、まなざしは伝えることができます。

聖母のまなざしはどこに向けられているのでしょうか。私たち全員に向けられています。どのように私たちを見つめているのでしょうか。母として、私たちに

愛と同情のまなざしを注いでいます。同じまなざしを聖母は御子イエスにも向けました。イエスの人生のいろいろな場面で聖母はイエスを見つめていました。喜びのとき、苦しみのとき、栄光のとき、私たちがロザリオの祈りで唱えるように、大きな愛をもってイエスを見つめていました。

私たちが疲れているとき、気力がないとき、問題に押しつぶされそうなとき、マリア様を見つめましょう。『私があなたを支えます』と、はっきり心に語ってくれるマリア様のまなざしを感じましょう。

聖母は私たちをよく知っています。私たちの母ですから。私たちの喜び、苦しみ、希望、失望をご存知です。私たちの弱さ、罪の状態にいるとき、マリア様を見つめましょう。『立ち上がりなさい、そして私の息子のところに行きなさい。彼のもとに再び立ち上がる力を見つけることができます』と、心に語ってくれることでしょう。

マリア様のまなざしは、私たちだけに向けられているのではありません。十字架のもとで、イエスが最愛の弟子をマリア様に預けたとき、御子イエスは『婦人よ、御覧なさい。あなたの子です（ヨハネ一九・二六）』。その時、マリア様のまなざしはイエス様自身に向けられています。そのまなざしは私たちに、カナの婚礼のように『この人が何か言いつけたら、そのようにしなさい（ヨハネ二・五）』と言います。

マリア様は私たちにイエスを指しています。イエスを証しするように招いています。イエスのところにだけ、救いがあるからです。彼だけが私たちの『水』（孤独や罪の苦しみ）を『ぶどう酒』（出会い、喜び、ゆるし）に変えることが出来るからです。この力を持っているのはイエスだけです。

『めでたしマリア、あなたはみことばを信じた。』マリア様は本当に神様の言葉を信じました。彼女の心のまなざしはいつも御子イエスに向けられていました。イエスを胎内に宿しているときから十字架上で看取ったときまで。

ご聖体礼拝のとき、マリア様は私たちにこのように語ってくれます。

『私の子、イエスを見つめなさい。イエスの言葉を聞きなさい。イエスと会話をしなさい。イエスはあなたを愛の心でみつめています。恐れる必要はありません。日常生活でイエスを証しするために、イエス自身が方法を教えてくれます。イエス自身が家庭や職場、あなたが喜んでいるときに、相手を愛の心で見つめるための力、方法を与えてくれます。イエス自身が真の愛をもってあなたを愛しているから。』

マリア様、私たちの母であるあなたのまなざしを私たちに感じさせてください。あなたの息子まで私たちを導いて下さい。私たち一人ひとりが辱めを恐れない真のキリスト者となるように導いて下さい。アーメン。

パパ　フランシスコ

始まったロザリオの祈り

装いも改たまる二人のイタリア人司会者がステージに立った。先ず女性司会者がロザリオの開始を告げ、続いて男性司会者が各国の聖母巡礼地を紹介し始めた。その時、十人の歌手と思われる人びとが楽譜を持って現れ、司会者の隣に並んだ。司会者はゆっくりと参加聖堂の名を告げ続けた。

イスラエル・ナザレ　聖母受胎告知聖堂。
フランス・ルルド　ルルドの聖母聖堂。
インド・ヴァイランカニ　健康の聖母聖堂。
ポーランド・チェンストホヴァ　黒いマドンナ聖堂。
ケニア・ナイロビ　キリスト信者の助けなる聖母聖堂。
ベルギー・バヌー　貧しい人の助けなる聖母聖堂。
日本・秋田　秋田の聖母　聖体奉仕会聖堂。
アメリカ・ワシントンＤＣ　汚れなき御宿り聖堂。
アルゼンチン・ヴエノスアイレス　ルハンの聖母聖堂。
ブラジル・アパレシーダ　アパレシーダの聖堂。

各国の聖堂が順にアナウンスされると、現地の光景も同時に映し出された。ところが映像は分単位の速さで、あれよあれよという間に通り過ぎていった。「日本・秋田」が読み上げられたときも同様で、映像は聖堂内の光景、祭壇、木彫りのマリア像、ヨゼフ像を流れるように映して次のアメリカ・ワシントンＤＣへ移った。その間わずか数分。というのも、聖堂の名を読み上げる間だけの映像なので無理もないことだった。同時中継はメイン聖堂と各地双方がともに繋がって動いてゆくため、視聴者があっ、待って〜、と声を上げても儘にならない。本番はロザリオの祈りにあり、そのとき初めて各聖堂の光景を多角的に眺めることができるのだった。

白い服装で身を包み、長い白スカーフをゆったりと被る金髪女性がマイクの前に立った。大きく見開いた目をキラキラ潤ませ、ひと言、ひと言、心をこめて力強く語る表現豊かなしぐさは、名の知れたオペラ女優ではないかと見間違うほど堂々としている。この感性に富む司会者によってロザリオの祈りは始まった。

ディヴィノ・アモーレ大聖堂では祭壇とステージを残して照明を消していた。聖堂を埋め尽くすローソクの光。静けさ漂う中でじっと正面を見つめる人びとの熱いまなざし……。スポットライトを浴びたファチマの聖母像が鮮やかに浮かび上がった。うつむくみ顔のまなざしは、今にも涙がこぼれそうなほど潤み、哀愁を帯びて前方へ視線を落としていた。

いよいよ動き出した聖母マリアとともに祈るロザリオの祈り。司会者は祈りの意向を読み上げた。

《この一環を通して、教皇フランシスコ、世界の教会、そして天国の天使と聖人に心を合わせ、聖母の汚れなき御心を通して私たちの願いを神に捧げましょう。》

〈イスラエル・ナザレ　受胎告知聖堂〉

石造りの重厚な地下聖堂の内部が鮮やかに映し出された。床絨毯に据えられた白布のテーブルに聖体が顕示されて、背後に白い花々で飾られた長大なローソクが七本灯る。その聖体顕示台の前に並んで恭しく礼拝する司教と数十人の司祭たち。各々の手には明かりのともるローソクが握られていた。

聖堂の一般席と上下に隔たる聖域部分の広さはおよそ十五坪ほどであろうか。古代聖堂を思わせるような「洞窟聖堂」といった観がある。その聖所は石組み造りの部分が多く、聖櫃が安置される祭壇も洞窟内に設えてあった。祭壇には幾本ものローソクが灯り、室内いたるところに大小のローソクが灯って神聖な雰囲気をいっそう深めていた。

ここは二千年の歴史を刻むイスラエルの受胎告知聖堂。かつてナザレの地にマリアが独り住んでいた時、大天使ガブリエルが現れてマリアに神のみ子・イエスを宿し、救い主の母となることを告げた。神の意思に恭順だったマリアは、「私は主のはしためです。お言葉通りになりますように」と受胎告知を受け入れた。この一言によって、人類に救いと希望がもたらされた。神と人との間に立って取次ぎをされる役を引き受けたマリアは、イエスの母になると同時に、全ての民の母となった。人類救済の発祥地、受胎告知聖堂から今、ロザリオの祈りが動きだした。三人の聖職者が壇上に進み、その中の威厳ある方がことばを述べた後、イスラエル人男性が祭壇横に進み出て、喜びの第一玄義（聖母受胎告知）の意向を祈りだした。

《聖母のように神に従うことが出来ますように。偽りの自由から脱し、信仰は飾りではなく、私たちに真の自由を与えるものとして身につけ、福音の光の中でイエスとともに生きることが出来ますように。命がその存在の始まりから終わりまで大切にされますように。》

続いて主の祈りとアヴェ・マリアの祈りが始まった。先唱は、デヴィノ・アモーレの女性司会者の声と、ナザレの男性の声が重なりあって流れた。

—主の祈り（一回）—

天におられる私たちの父よ、み名が聖とされますように
御国が来ますように
御心が天に行われるとおり地にも行われますように
私たちの日ごとの糧を、今日もお与えください
私たちの罪をおゆるしください
私たちも人をゆるします
私たちを誘惑におちいらせず
悪からお救いください

—アヴェ・マリアの祈り（五回）—

アヴェ・マリアめぐみにみちたかた
主はあなたとともにおられます
あなたは女のうちで祝福され、ご胎内のおん子イエスも
祝福されています
神の母聖マリア、私たち罪人の為に今も死を迎えるときも
お祈りください

主の祈りに続くアヴェ・マリアの祈りは、聖母マリアに捧げる愛の花びらのように美しく響きわたった。—アヴェ・マリア　恵みにみちたかた—、なんと麗しい尊称だろう！　私たち一人ひとりを常に見守り、支えてくれる天の母。その方への愛と感謝が細波のように心を満たし潤してくれる。

ふと気が付くと、祭壇の周囲には大勢の修道女たちが蜀台を捧持して謙虚に祈る姿があった。さらに気付いたことは、祈りの先唱者も一人ではなく、アヴェ・マリアが繰り返されるごとにさまざま入れ替わっていたことだった。ほんのささ

やかなこととはいえ、その目立たないところにひとつの「共同体」という、人びとの解け合う温かい輪を感じた。

祭壇より上段に広がる円形の信徒席は、幾重もの人影で埋まり、まばゆいばかりのローソクの明かりが居並ぶ人びとを小さく翳らせていた。


ナザレ・受胎告知聖堂のロザリオ前半が終わると、デヴィノ・アモーレ大聖堂が現れた。丈のある十字架が置かれた祭壇。台座に白薔薇が溢れるファチマの聖母像。高く掲げられた「神聖な愛の聖母」の額。

ステージに設置された特大スクリーンには「イスラエル　ナザレ　受胎告知聖堂」の祭壇が映っていた。これよりロザリオの第一玄義後半はルルドの聖マリア大聖堂に引き継がれる。この両聖堂の間に挟まれる「信仰の証し（恵みの体験）」が今、デヴィノ・アモーレ大聖堂で行われようとしていた。

祭壇前のステージに年老いたフランス人男性が現れた。その両側に司会の男性と通訳の男性が並んだ。司会が老紳士を紹介した後、彼が語る言葉の一節一節を、隣の青年がイタリア語に通訳していた。

秋田ではこのとき、新潟教会のラウル神父が立ち上がってマイクを握り、内容を日本語に訳してくれた。それはおおよそ次のようであった。

「私は洗礼を受けていなかったのですが、一九八四年に、病気になった妻をルルドに連れてゆきました。そこで生まれて初めてミサに与ったのです。その後妻は癒され、私は洗礼を受けました。後日メジュゴリエにも巡礼に行ってきました……」

聖堂内では満席の人びとが直立の姿勢で語られる言葉に耳を傾け、水を打ったような静けさが伝わってくる。

男性がルルドでの恵みを話しているとき、映像はルルドの聖マリア大聖堂内外とマッサビエル洞窟を映していた。聖堂が幾つも連なる光の輝きの中に、点々と揺れ動く大スクリーンの遥かな影。浜の真砂のように数知れずきらめく灯火の広がり。そして大きな洞窟（間口十二、三メートル、奥行き七、八メートル）の前で祈る聖職者たちと大群衆を見た。祭壇の傍らには、病人や巡礼者が祈願と感謝をこめて捧げるローソクの献燈台が神々しいまでに数多のともし火を燃え立たせ、灯の先端が高いグロット（洞穴）にたたずむ聖母マリアの足許まで伸びていた。

〈フランス・ルルド　ルルドの聖母大聖堂〉

一面闇に覆われたルルドの丘を、夜空にきらめく満天の星屑より更に神秘的な蝋燭の輝きが限りなく埋め尽くしている。大聖堂前の広場は跪いて祈る人びとや車椅子の人びとで立錐の余地もないほど溢れ、祭壇前列には数人の司教と大勢の司祭たちが椅子に座していた。その中の一人が進み出て言葉を述べ、祈り始めた。ロザリオの第一玄義後半が始まるようだった。

デヴィノ・アモーレでは、フランス人男性の証が終わった。一斉に沸き起こる拍手。間髪を要れず女性先唱者が後半を祈り始めた。

アヴェ・マリア　めぐみにみちたかた……続いて、

主はあなたとともにおられます……と、唱和するルルドの大巡礼団。

その声は四方からうしおのごとく天に昇った。画面に映る人々の表情は真実そのもので、誰一人として正面から目をそらす姿はない。手に握られるガラス容器の蝋燭が宝のようにすら見える。世界中から日々絶え間なく訪れる巡礼団の中にあって、折しもこの夜の祈りとめぐり合えた人々の喜びと感動が眼に映る。さすがルルドならではの光景が広がる。

ああルルド！　尽きない恵みの聖地ルルド！　文明の発達と共にいつしか神を畏れなくなった現代へ、聖母は愛と忠告を携えて出現された。

一八五八年二月十一日、フランスの西南ピレネー山脈の麓にある、ルルドという僻地の寒村に住む喘息持ちの少女ベルナデッタに聖母マリアが現れた。聖母はベルナデッタに「罪人の改心のため、ロザリオをたくさん祈るように」と、望まれた。出現の場所は、山脈から勢いよく流れ出るガブ川のほとりにある洞窟で、ベルナデッタが薪を拾うために靴下を脱いで対岸へ渡ろうとしたときだった。突然起こった強風に驚いて振り返ると、洞窟入り口の野茨や草が揺れ動いて、奥から黄金色の雲に乗る十六、七歳と思われる美しい貴婦人が現れた。純白の服を着て、頭から肩まで覆う白いヴェールを被り、水色の帯を締めていた。

右手首には、金色の鎖で繋がれた白い珠のロザリオを下げていた。貴婦人はべルナデッタに優しく微笑みかけた。信仰深い少女がびっくりしていつも使うロザリオを出して一生懸命祈ると、その貴婦人も一緒にロザリオを唱え、一環が終わると会釈して洞窟の奥へ消えた。

出現は十一日、十四日、十八日、十九日、二十日、二十一日、二十三日と続き、十一回目の出現のとき、ルルドに聖堂を建てるように」と望まれた。二十五日、貴婦人はベルナデッタに、「罪びとの改心と償いのために周りの草を食べ、土を掘って湧き出た水で顔を洗うように」と言われた。

聖母の出現を聞きつけた見物人は日増しに多くなり、この日も大勢集っていた。だがベルナデッタ以外は誰一人として聖母の姿を見ることができず、声も聞こえなかった。人びとはベルナデッタが跪いてロザリオを唱え、草を食べ、泥水で顔を洗うしぐさを見て、気が狂ったとあざ笑った。けれども少数の敬虔な人々は、恍惚と祈る少女の姿に心打たれて出現を信じた。

三日後の二十八日、目を患う男性が湧き出た泉で目を洗うと、その目は突然癒された。

十七回目の出現のとき、聖母マリアはベルナデッタに告げた。

―わたくしは汚れなき孕りです―と。

七月十六日、十八回目の最終出現があった。湧き出る泉は次々と奇跡を顕し、多くの病人が癒された。聖母が望まれた聖堂も、一八六八年五月に地下聖堂が建ち、その後も第二、第三と、三つの聖堂が建てられた。

時代は第一次世界大戦の影がヨーロッパじゅうに忍び寄っている不気味な動きの下にあり（一九一四年七月、第一次世界大戦勃発）、日本も明治元年の混沌とした激動の時代が始まろうとしていた。聖母出現の背景には、まだ誰も気付かないこのような不安要素がうごめいていたのだった。

戦争が起こればおびただしい命が失われる。数え切れないほどのけが人や病人も出る。戦争に巻き込まれた国々の民は家を失い、家族を失い、飢餓に苦しむ悲惨な状態に追い込まれる……。

人類の平和と幸せを願う聖母は、ルルドで改心と償いを呼びかけた。そして重荷を背負う人びとを慈しみ、この地に奇跡の泉を恵まれた。今もなお世界中から訪れる巡礼者が絶えず、さまざまな病気や心の癒しが見られる。また改心して信仰を取り戻す人も多いという。

（※ルルドの聖母出現は、ファチマの聖母出現より五十九年前であった。）

〈インド・ヴァイランカニ　健康の聖母聖堂〉

金糸で縁取られた白いヴェールの上に元后の冠を載せる美しいファチマの聖母マリアが映像に現れた。白い装いの女性司会者が、朗々とロザリオの第二玄義（マリアエリザベトを訪問）を読み上げて担当聖堂を発表した。

前半―インド・ヴァイランカニ健康の聖母聖堂。

証し　俳優ピエトロサブッピ

後半―ポーランド・チェンストホヴァ黒いマドンナ聖堂。

祭壇前のステージに男女十人のオペラ歌手が現れた。惚れ惚れする素晴らしい声量の持ち主たち。一同は敬虔な黒の衣装をまとい、マリアが従姉エリザベトの懐胎を知って彼女を祝い、手伝うためにはるばる訪問する場面を演じているようだった。はじめは音楽と舞台の華やかな動きにびっくりして、なぜこの神聖な場所に？と、奇異な感じを受けたが、聖書の聞きなれた固有名詞がたびたび出てくることから、ハッと聖劇であることに気付いた。すると熱演するメンバーの真摯な心が自然に伝わってきた。さすがオペラの盛んなイタリアだからこそ、聖劇を通して聖母を表敬したのだと思い及んだ。特にマグニフィカトの歌声は素晴らしく、マリアが神を讃える場面では、全員動きを止めて手を胸に当て、頭を垂れて共に祈る光景が見られた。歌い終わると一列になって静々とステージを去っていった。この演じられたマリアのエリザベト訪問と、聖霊に満たされてほとばしり出た神への賛美を、聖書に基づいて再現したい。

マリアのエリザベト訪問（ルカ一・三十九〜五十五）

そのころ、マリアは旅立ち、急いで山地に向かい、ユダのある町に行った。そして、ザカリアの家に入って、エリザベトに挨拶した。エリザベトがマリアの挨拶を聞くと、胎内の子がおどり、エリザベトは聖霊に満たされて、次のように声高らかに叫んだ。「あなたは女のうちで祝された方、あなたの胎内の子も祝福されています。わが主のおん母がわたくしのところにおいでくださるとは、いったい、どうしたことでしょう。あなたのあいさつの声が、私の耳に入ったとき、胎内のわが子が喜んでおどりました。主から自分に告げられたことが成就すると信じたかたはほんとうにお幸せなことです」。

マリアの賛歌

そこでマリアは言った。
「わたくしの魂は主をあがめ、
わたくしの霊は
救い主である神を喜びたたえ、おどります。
主が、そのはしための卑しさをかえりみてくださったからです。
そうです、今から後、いつの時代の人びとも、
わたくしを幸いな者と呼ぶでしょう。

力あるおん者が、わたくしに偉大な業をなさったからです。
そのみ名は尊く
そのあわれみは世々限りなく
主を畏れ敬うものに及びます。
主はみ腕をもって力を示し、
心の思いの高ぶった人を追い散らし、
権力ある者をその座から引きおろし、
卑しい者を引きあげ、飢えたものを良いもので満たし、
富める者をむなしく追い返されました。
主はとこしえにあわれみを覚えて、
そのしもべ、イスラエルを助けて下さいました。
わたくしたちの先祖、アブラハムと
その子孫におおせられたとおりに」。

目も鮮やかなインド更紗の垂れ幕に飾られた「インド・ヴァイランカニ健康の

聖母聖堂」の美しい光景が華やかに映し出された。聖堂は大勢の修道女や信徒たちで溢れていた。インド更紗の正装をした女性たちのなんと慎ましく華やかなこと！　聖歌隊席にはそろいの水色ドレスを着て水色のショールをゆったりと纏う女性、そろいのオレンジ色ドレスに身を包む女性、白シャツ・黒ズボン姿の男性たちが並ぶ。

祭壇に向かい祈っていた枢機卿、司教、司祭、信徒代表が映像開始とともに向き直ってロザリオ態勢に入った。枢機卿がロザリオを手にマイクの前に立つと、一人の男性が第二玄義の意向を読み上げた。

《さまざまな対立、国際テロ、戦争などの危機に瀕する私たち人類が、自分の殻を打ち破り、他者との違いを乗り越え、平和を築くことができますように。互いに赦しあい、他者を、そしてすべての被造物を大切に、共に歩んでゆくことができますように》

水色のドレスを着た晴れやかな装いの女性がマイクを握り、「聖母マリアのエリザベト訪問」を朗読したあと、主の祈りの一節を唱えた。そのあとに続いて全員が後半を唱えた。アヴェ・マリア最初の先唱は司教、後続はみんなで……というふうに、アヴェ・マリアは五人の代表によって代わるがわる先唱されて祈り終えた。

インドは信仰という伝統文化を持つ国で、宗教も仏教、キリスト教、イスラム教などが大勢を占めていた。インドへ最初にキリスト教を広めたのは、十二使徒の一人、聖トマであった。縁起の達磨はインドが発祥の地であり、聖トマがいつも赤い旅支度（※枢機卿の召し物は緋色、司教は赤紫）であったことから達磨は聖トマの似姿といわれたが、長い世紀の間にイメージが仏に変ったことも考えられる（※私が少女時代に聞いた伝説なので真偽の程は定かでない）。初代使徒がはるばるこのインドまで布教に来たのであれば、宗教の形態こそ違っていても、インド民族には先祖から受け継ぐ深い敬神の心がある。長い年月培ってきた庶民の信仰心が現在の素晴らしいヴァイランカニ大聖堂に繋がる礎となったのではなかろうか。

聖母が出現された世界十か所の聖地で祈るロザリオは、各聖堂とも時間の制約上、細切れのようにアヴェ・マリアの祈りは五回に限られているため、画面に映る時間は短かった。けれども祈りそのものは映像に関係なく、すべての聖堂が最後まで徹夜の祈りを続けていたのだった。

映像は内部から外部へ一転し、ヴァイランカニ大聖堂の全容が大きく映しだされた。素晴らしい！　思わず息を呑んでその外観に見惚れた。暗闇に白亜の大聖堂が厳かに聳え立っている。中世を思わせるゴシック建築の尖塔がいったい幾つあるのだろう！　一、二、三、四、五、六……ところが建物の全景はスクリーンに入りきれず途切れていたため、数えもこれまで、とあきらめた。

聖堂の一角に、ひときわ目立って聳えるのは鐘楼であろうか。この鐘楼から響き渡る鐘の音に、ヴァイランカニの住民たちはどれほど慰められ、安らいでいることだろう。城壁のように大聖堂を囲む石塀の上にも小さな尖塔が間隔を置いて連なり、西欧風の美観を呈していた。

インド・ヴァイランカニのロザリオは終わり、デヴィノ・アモーレ大聖堂で俳優ピエトロ・サブッピの証しが始まった。通訳は地味な服装の中年女性。その語りを聖母像の脇に座る枢機卿と大司教、司教、司祭たちがにこやかに聞いていた。水を打ったような静けさの中で、人びとの目はピエトロ・サブッピに集中していた。さすがは俳優、その態度は堂々たるものだった。

証し　俳優ピエトロ・サブッピ

「メル・ギブソン監督の映画『パッション』に、バラバ役として出演しました。配役にあたり、それまでの人生で苦しいことばかりだった自分の怒りや憎しみに満ちた顔がいい、と言われたのです。そして、撮影までキリスト役の人は見ないようにと言われました。

撮影中、あるシーンでイエス役の人の顔を見ました。その時心の中に『もしかしたらキリストがこの役者の中に入っているかも』と考えたのです。

映画を終えてから、イエスを見たときの自分の顔についてよく聞かれます。でも自分では意識していないので、どうしてそのような表情をしたのかわかりません。その後、心の中にあった怒りの態度が、ある司祭との話の中で少しずつ変わり始めました。教皇ベネディクト十六世の回勅に『イエスが人を通して語られる』とあります。イエスが人を通して、私の心を見通されたのです。
私は教会に通い始めました。心の怒りが消え、祈れるようになったのです。最近は聖霊への祈りをはじめました。今の私には二つの役があると感じています。ひとつはこうして信仰を証しすること。もうひとつは仕事を通して、信仰を証しすることです。これはとても大きな喜びになっています。」
証し終わると、聴衆はピエトロ・サブッピに大きな拍手を送った。

〈ポーランド・チェンストホーヴァ黒いマドンナ聖堂〉

暗闇の彼方に明るいレンガ色の聖堂（?）が照らし出された。すると、どこからともなく聞こえてくるアヴェ・マリアの祈り……。まだ人影は見えず、聖堂らしい建物に付属する鐘楼が周囲より二倍の高さで聳え翳っている。地上には街路灯が点々と小さく灯り、その前を長々と連なる豆粒のような光の列。それが何であるか判らず不審に思っていると、マイクでアヴェ・マリアを唱える金髪の女性が闇から現れ、一節を祈り終えると後ろに下がった。厚い防寒衣を着たその婦人は、風で髪を乱しながら寒そうに顔をこわばらせていた。北欧の冬は早い。ポーランドは十月もまだ半ばに達しないうちから寒さが訪れているようだった。

このとき、墨色の闇から突如姿を見せた小さな殿堂。黄色い光がやわらかく堂を包んでいた。さほど広くない六角堂のような室内には、幼な児イエスを抱く聖母マリアの額が納まっていた。イコンの聖画を想わせる高貴な聖母の右頬には、鋭い刃で斬られた二本の痛々しい傷跡が残っていた。

堂の外郭には石膏の白い天使たちと聖人たちの立像が、あたかも侵略者から聖母子を守るかのように取り巻いていた。安置された聖画の正面口には、立ち入り禁止の頑丈な鉄柵がめぐらされている。この聖画がポーランドを救った奇跡の聖母マリアだったのか！　私は初めて『黒いマドンナ』と対面した。そしてこの場所がポーランド・チェンストホーヴァ、ヤスナ・グラ男子修道院（聖パウロ会修道院）であることを知った。

「黒いマドンナ」の殿堂脇にコートを着た男性が現れ、アヴェ・マリアを唱えると、すかさず響いてくる祈りの大合唱。そしてスクリーンに大群衆が現れた。野外広場は人、人、人で埋め尽くされ、いったいどれほど集まっているのか、その数すら見当がつかない。最初目に映った、あの長い橋げたのような直線の光の群れは、闇で分からなかったが、この素晴らしい巡礼者たちだったのか……と、今さらながら驚いた。

宇宙衛星から送られる映像は、人影がアリのように小さく、人びとの持つ手燭の明かりが銀河のように尾を引いていたのだった。

アヴェ・マリア……アヴェ・マリア……アヴェ・マリア……と、繰り返される天使祝詞は、人々に喜びと慰め、勇気と希望を与えてくれるかけがえのない祈りだった。周りの闇もなんのその、この小さな黒いマドンナのお堂周辺は、星の光よりも美しい人々の心の輝きが溢れていた。栄光は父と子と聖霊に……、と神を賛美して第二玄義を終わると、地を覆う人びとは手蜀を高くかざし、左右に揺らし、そして無数のハンカチが風に舞う木の葉のように天に向かって大きく振られた。ポーランドの国旗もあちらこちらに高々と揚っていた。それは天の母を慕うポーランド人の熱烈な愛の叫びのような観があった。

ポーランドには長きにわたる悲惨な歴史があり、国民は聖母に縋って祈りながら第一次、第二次世界大戦の惨憺たる国難を乗り越えてきた。その思いが今もなお聖母への感謝と賛美に繋がっているゆえであろうか。
みんな暖かいオーバーやジャンバーで身支度し、手燭をかざしながら「黒いマドンナ」とともに十月十二日夜から十三日に及ぶロザリオの祈りに参加したのだった。寒い冷え込みの中、襟巻きこそすれ、帽子を被る人影は稀なくらい少なかった。全国各地からチェンストホーヴァ・ヤスナ・グラにやってきたこの大いなる人たち。脱帽して祈る姿に謙虚な心を教えられた。

ポーランド・チェンストホーヴァ
ヤスナ・グラ（光の丘）修道院「黒いマドンナ」ついて

一六五五年、スエーデン軍がポーランドを侵略した際、ワルシャワは無論、その上更にクラクフまでもが占領されてしまった。この地に住むチェンストホヴァ住民はヤスナ・グラ修道院に立てこもり、最後までスエーデン軍に屈しなかったという歴史がある。これは修道院にある聖画「黒いマドンナ」のもたらした「奇跡」とされ、それ以来、国難からポーランドを守ってくれた聖母に対する国民の崇敬が一層深まった。このヤスナ・グラ修道院は一三八二年にウワディスワフ・オボルチク公によって聖パウロ修道会のために建てられ、有名な聖母の画像「黒いマドンナ」は、一三八四年に寄進されたものであるという。マリアの右頬にある二本の傷は伝説によると、昔この地に侵入したモンゴル人がマリア像を運び出そうとしたところ、突然鉄のように重くなり、激怒したモンゴル人が刀で切りつけた際にできた傷だといわれている。しかし実際には、一四三〇年に修道院へ押し入った盗賊によって傷つけられたものらしい。

この聖画は普段覆いがかけられているが、決められた時間には巡礼者のために覆いがはずされるとのことで、その際「黒いマドンナ」を見ることができるという。修道院内には博物館があり、貴重な宝物類が陳列されている。その中にはキリスト教関係の装飾品の数々、故・ヨハネ・パウロ二世の肖像、ワレサ元大統領に贈られたノーベル平和賞のメダルなども含まれている。

毎年八月十五日の聖母被昇天の祝日には、ポーランド各地から巡礼者がヤスナ・グラ修道院を目指して遠路を徒歩でやってくる。ワルシャワからの巡礼が最初に行われたのは、記録によると一七一一年のことであった。

ワルシャワとチェンストホーヴァ間は約二五〇キロの道のりがあり、全国各地からヤスナ・グラにやってくる巡礼者は一〇日から二週間ほどかけて祈りながら歩くという。この情報は世界旅行マニアの友人、Yさんからで、彼女は自ら訪ね歩いたポーランドチェンストホヴァマップと記事をまとめてFAX送信してくれた。ポーランドは国民の九五パーセントがカトリック信者という生粋なカトリック教国であり、前教皇ヨハネ・パウロ二世もこのポーランドで生まれ育った。

一九三九年九月、ヒトラー総統率いるナチス軍がベルサイユ条約（第一次世界大戦後、ヨーロッパの国際秩序を守るための「十四か条平和原則講和条約」がパリ講和会議で締結した）を破棄してポーランドへ侵攻した時、この国はことごとく蹂躙され、老若男女を問わずおびただしいポーランド人とユダヤ系市民が連行されてアウシュビッツ強制収容所で大量虐殺された。このポーランドへの侵攻が発端となって第二次世界大戦の火蓋は切られ、日本、ドイツ、イタリア三国同盟の防共協定が結ばれて共に戦争政策が展開したのだった。そのころクラクフの大学で勉学中だったヨハネ・パウロ二世も生活の糧を得るために労働者に身をやつして働き、ナチスの目を逃れて地下神学校のクラクフ神学生として学び始めた。

聖母崇敬の篤いポーランド国民は、このような悲惨極まる状況に追い込まれても、なおかつ希望を棄てず、信仰を守り抜いた。国民の心の支えとなっていたのが「黒いマドンナ」の聖地、チェンストホーヴァだった。

聖母はポーランドを守り、戦後「ワレサ大統領」という頼もしい平和主義指導者を輩出させて国の再建を委ねた。その上、空飛ぶ教皇とまでいわれるほど世界を駆け巡って愛と平和を説いたヨハネ・パウロ二世をポーランドから聖ペトロの後継聖座へ送り出した。数々の高徳を遺して二〇〇五年世を去ったヨハネ・パウロ二世は、二〇一四年四月二七日、現教皇フランシスコによって、列聖された。

〈ケニア　ナイロビ　キリスト信者の助けなる聖母聖堂〉

ディヴィノ・アモーレ大聖堂では、女性司会者による第三玄義の意向が朗々と読み上げられた。

《神中心の生活を送り、この世の宝を追いかけるのではなく、貧しい人、牢獄にいる人、病人、弱い立場にある人びとを抱く心を私たちに与えて下さい。教会がこれまで以上に真の家族となりますように。助けを必要とする、困っている人々を急いでお救いください》

続いてオペラ歌手によるすばらしい演技と歌声が響き渡った。残念なことに、イタリア語の判らない私には内容を知ることはできなかったが、グロリア（栄光の賛歌）の歌声から推して、キリスト降誕の一場面であろうと察せられた。前回（第二玄義）とは違う静けさが演技全体に漂い、なんともいえないしめやかな美しさが見られた。

歌手たちは祭壇の前で円状に回りながら交代で独唱し、また全員で歌った。時には囁きあうように……、あるいは高らかに……、そして祈るように……。歌い終わると、一同は舞台とは別の慎み深さで粛々と壇上から去っていった。どの歌手も優劣をつけがたいほどの堂に入った歌唱力に、私は夢見心地でしばし聞きほれた。そして言葉こそ分からないながらも、イタリア歌劇団の聖劇に心満たされたのだった。

そして映像はケニア・ナイロビ「キリスト信者の助けなる聖母聖堂」へ飛んだ。ナイロビの聖堂ではこのとき、司祭が第三玄義の意向を読み上げていた。大聖堂というより、慎ましやかな聖堂といった感じの聖堂で人びとは全員直立不動のまま朗読に聞き入っていた。聖職者も信徒も同じ姿勢で身動きもせずに……。

この聖堂では一般信者に混じる修道女の姿が実に多い。白人のシスターや黒人のシスターが目立ち、各国さまざまな修道会から派遣された修道者で聖堂の三分の一占められるのではないかと思われるほどだった。

世の中の文明が開け、世界が平和になったとはいえ、まだまだアフリカの独立国には未解決問題がたくさんあり、貧困に苦しむ人たちや紛争の火種を抱えている国もあるのだった。最近のテレビニュースによると、ナイロビにも戦争の危機が浮上しているとのこと。中東やロシア圏周辺の北欧では、民族間の闘争からすでに残酷な戦争犠牲者が多く出ている。身の危険も顧みず、神に生涯を捧げた人々が支援を必要とする国々に手を差し伸べ、教育や福祉、貧困層を救うために奉仕する姿は尊い。

聖堂の祭壇背後に、大パノラマ画像が現れた。金色に光り輝く光線の中に両手を広げる「復活のキリスト」と、その手前に水色のマントを着てオレンジ色のドレスを着、白いヴェールを被る「慈しみの聖母」の絵姿があった。聖母は左脇にいる「めがねをかけた少年」の手を取り、右手にその子の物と思われる松葉杖を持っていた。一緒に居るのは目の不自由な子供らしい。聖母とキリストを取り巻く金色の光の中に、両手を差し伸べて助けを求める黒い人々の群を見た。そこにはアフリカの風景らしい木々や村々も幽かに見えた。そして天井まで届く大壁画の前の祭壇左右と、両脇にはローソクが点り、白薔薇が飾られていた。祭壇前に置かれた台座には、水色のマントを着て后の冠を被り、腕におさなごイエスを抱く美しいマリア像が安置されていた。一見カルメル山の聖母マリアかと思われたが、よく見ると、手に持つのは水晶のように透明な長いロザリオだった。足元には白薔薇の盛花と、白薔薇で飾った二対のローソクが灯っていた。

朗読に続いて主の祈り（一回）が始まり、アヴェマリア（五回）が祈られた。最初は司祭が、そして枢機卿が、という風に五名による先唱と全員の祈りが静かに続いていった。人びとは礼儀正しく、服装もきちんとした礼装で参加していた。白と黒の控えめなスーツ姿が目立つ。ささやかな心遣いにも、ナイロビの人びとの祈りに対する敬虔な姿勢を感じた。

この後、デヴィノ・アモーレ大聖堂では、黒人女性とともにファチマの聖母像の隣に立ったアフリカ人女性が、同行の女性が差し出すマイクを通して語り始めた。その目に涙が光っていた。

証し　ルワンダからイタリアに移住した女性

「内戦が始まる前は、ツチ族・フツ族の別なく、みな平和に暮らしていました。内戦になった時、私は大学に勤めていたのですが、その同僚が『あなたは殺害対象リストに載っているから逃げるように』と言ってくれたのです。同僚の中には殺された人がいます。家では私の家族が殺されていました。私は物陰に身を隠して助かりました。

平和が戻ったとは言われますが、苦しい日々が続きました。二〇〇二年、私はイタリアに移住しました。その後結婚し、今は子供が三人います。現在ボランティアとして、アフリカのため、イタリアへの移民ランベドューサ島で移民や難民のために働いています。残りの人生を、人を救うために使いたいと思っているからです。

私たちの助けは神。私たちは『神の子』というひとつの民族として生きるべきだと感じています。年に一回巡礼しています。マリアさまは平和と命の尊さを語って下さっています。」

ルワンダ女性が涙で言葉を詰まらせながら証し終わると、祭壇末尾で聞いていたアゴスト・ヴァリーニ枢機卿が婦人に近づいて温かく抱擁し、手を取って語りかけた。女性は枢機卿の優しさにすっかり感激の態で幾度もおじぎをした。この光景に目を潤ませる人たちが随所に見られた。

〈ベルギー　バヌー　貧しいものの助けなる聖母聖堂〉

北欧のベルギーにもポーランドと同じような寒さが訪れていた。

バヌーの「貧しいものの助けなる聖母聖堂」では、ケニアに続いて後半のロザリオが始まった。正面に等身大の大きな十字架が架かる祭壇に向かって大勢の人々がアヴェ・マリアを祈っている。先唱の五人は祭壇へ向く朗読台に立って交互に務め終え、後続の祈りが静かな潮騒のように流れた。

祭壇の左下段に幼子イエスを抱く淡黄色の聖母像が安置され、祭壇から数歩離れた右横に聖体ランプの点る聖櫃があった。その祭壇を下りた中央最前席に、赤紫のズケット（帽子）を被り、同色の帯とマントを身に着けた二人の司教と白い祭服の司祭たちが正座していた。

通路を空けた後部席は、大聖堂を偲ばせるほどの座席が正面と左右後方まで並び、隙間もないほど人びとでふさがっていた。照明が弱いのか、または聖堂が広すぎるのか、並み居る人びとの姿が半分霞んでぼやけるほど中は薄暗い。外観の映像がないので全体のイメージはつかめないが、聖堂内は古くから受け継ぐ飾らない質素さが目立つ。歴史を大切にする人びとの素朴な信仰を聖堂のあちらこちらに感じる。

「貧しいものの助けなる聖母聖堂」という名が、この地の過去を暗示しているようにも思われて、どのような謂れがあるのだろうか？　と、ひとしお関心をそそられた。私はこの国について、また、この聖堂についても何一つ知らないからだった。

防寒服に身を固めて正面を見つめ、手に手にロザリオを繰る人たち。深夜にもかかわらず集まった高齢者の敬虔な姿が意外と多い。さまざまな人生の浮き沈みを耐え抜いた人々の信仰は固く、この人たちの祈りが教会を守り、国を守ってきたように思えて、映像に映る白髪がこよなく尊く感じた。最後に大司教が立って栄光を祈り終えると画面は日本へ移動した。

〈日本　秋田　秋田の聖母　聖体奉仕会〉

非常に表現豊かな女性司会者の朗読が人びとの心を捉えていた。デヴィノ・アモーレでは、聖堂の内も外も静まり返ってマイクから流れる一言一句にじっと耳を傾けている様子が伺える。うつむいて聞く修道女たちもあちらこちらに見え、外では設置された大スクリーンの前に黒山のように居並ぶ人びとが固唾を呑んで画面に見入っている。

司会者の涙ぐむ目元はきらめき、全身で表すジェスチャーを交えた朗読が会場の感動を誘っていた。第四玄義に出てくる、マリアとヨセフが神殿で幼子イエスを天の御父に捧げる場面を朗読しているようだった。

話し終わると、黒服の女性歌手が一人で現れ、例の素晴らしい歌声を響かせた。全身の力を絞って歌うその歌声はたとえようもなく見事だった。素晴らしい！　何度聞いても素晴らしい！　私はその歌声に引き込まれた。意味は分からないが、第四玄義で黙想する「イエスの奉献」に関する内容と思われる。

歌い終わると中継は日本へ飛び、聖体奉仕会の奥ゆかしい和風聖堂が映しだされた。聖櫃の上に十字架のキリスト像が厳かに下がり、聖櫃左側には聖ヨセフ像、右側に十字架を背負う聖マリア像が桐の堂に納まり安置されていた。映像は祭壇―ヨセフ像―マリア像―と流れ、堂内の様子を隈なく映し出した。日本建築の美が生かされた聖堂は、各地からの巡礼者たちで満席となり、二階回廊まで人影が詰まっていた。階上欄間のあちらこちらから手が出て水色ハンカチが揺れる様子も衛星は捉えていた。

秋田の聖堂にはヴェールを被る婦人たちが多く、日本と韓国で見られる独特の慎み深い風景があった。そして揃いの水色Tシャツを着たフィリッピン人団体や、ベトナム人団体など他国籍人が多いことも目立った。

聖堂に入りきれず、やむなく別棟の聖マリアの家（巡礼者のための宿舎）でこの夜を迎えた人々は、用意された数台の衛星放送用スクリーンから映し出される各国の映像を見ながら世界の人びとと共に祈り明かした。

日本での衛星収録は、十字架を背負って両手を差し伸べる木彫りのマリア像に焦点が集中し、『秋田の聖母マリア』は映像によって全世界に紹介された。この秋田のマリア像は、人間の手で彫られた像とは思えないほどの神秘的な気高さを具えている。

聖母像に捧げられた盛花の中に、日本国旗とローマ・ヴァチカン国旗が各々二本ずつ献上されていた。私はヴァチカンと日本の国旗をみたとき、長年待ちわびたこの日の喜びを改めて噛み締めたのだった。

「秋田の聖母マリア」が映像に現れると、まず和服姿の岩淵敦子さんが意向を発表した。

《世界中で信仰のために迫害を受けている全ての人びとを助けて下さい。彼らに勇気と力をお与えください。私たちが大きな試練にある兄弟たちに無関心でいることがありませんように。また、暴力、迫害の加害者たちに、回心のお恵みが与えられますように。》

続いて菊地司教が主の祈りを先唱し、アブェ・マリアの祈りを佐藤誠子さん、秋田ダルクの平原薫さん、中学生の小玉朋奈さん、上野智明さん、上野智香子さんが先唱して五回のアヴェ・マリアは粛々と祈り終えた。

このとき、短い時間ではあったが、世界の人びとと共に、祈りを必要とするあらゆる人びとのために祈ることができた喜びと感動が聖堂内外に満ち満ちていた。当時、聖体奉仕会の小さな聖堂でおびただしい涙を流した十字架の聖母像は、この日初めて宇宙衛星から全世界へ高貴な姿を現し、おおやけに世人の知るところとなった。紆余曲折の埋もれていた長い歳月だった。十月十三日はファチマの聖母が出現最後の大奇跡を行った日と重なる。それは世界中が秋田の聖母と対面した記念すべき瞬間だった。

デヴィノ・アモーレ大聖堂ではシリア人夫妻が壇上に上がり、夫の男性が「家族の信仰」を語った。

「私は医者で、結婚して子供が三人います。これまでシリアで三百人以上の人たちを病院に運んで治療してきました。一人の若い女性は、怪我をしてひどい出血をしているイスラム教徒でした。私たちは宗教に関係なく治療していました。病院には大勢の医者がいましたが、二十四時間働き続けても、次から次に患者が来て、間に合わない状態でした。

他の宗教の子供の誕生にも立ち会いました。その中で一人の子供は、生まれてすぐ親が姿を消してしまったため、自分の家に迎え入れました。両親は一ヵ月後にようやくやってきました。

あるとき三百人のイスラム教徒がキリスト教会に逃げ込んできました。とても危険な状態でしたが、この三百人は『神の子』として来たと感じました。シリア人の平和のために求められていた体験だったのだと思います。
いまだイスラム教徒もキリスト教徒も一緒に苦しんでいます。私はこれまでの経験から、希望を持って人生を生きるようになりました。」

〈アメリカ　ワシントンDC　汚れなき御やどり聖堂〉

威厳のある立派な大聖堂が映像に映り、先唱者の祈りと共にアヴェ・マリアが始まった。さすがはUSA。広大な聖堂には大勢の白人に混じって黒人系の人もいれば、中東系やヨーロッパ系、アジア系の人びとが多数いた。ゴシック様式の円天井は高く、円柱が縦長に左右連なる聖堂の内部が美しい。正面祭壇の壁一杯に描かれた、白いドレスに碧いガウンを長々と肩になびかせ、天使たちに囲まれて天へ昇る被昇天の聖母マリアがパノラマのように壮大かつ優美で、思わず目を奪われた。ローマの大聖堂に見られる巨匠の描いた壁画によく似ている。日本でも金色の雲に包まれて天に昇る被昇天の聖母を描いた美しい壁画を、東京赤羽カトリック教会祭壇の上に見ることができる。私はワシントンDC「汚れなき御やどり聖堂」の壁画を一目見たとき、すぐ赤羽教会の被昇天の聖母がまぶたに浮かんだ。

ワシントンＤＣのゴージャスな大聖堂は人びとが満ち溢れて座る余地すらないようだった。星条旗の小旗を持って祈りに参加する姿も群れの中に数多く見られた。あまりにも大勢で、すし詰め状態の人びとは立ったまま肩を寄せ合い祈っていた。聖堂内に響きわたる五回のアヴェ・マリアが終わり、最後に枢機卿と二人の司教が栄光の祈りを唱えてワシントンＤＣ「汚れなき御やどり聖堂」でのロザリオは終わった。

長時間に亘るロザリオの祈りも余すところ南米アルゼンチンとブラジルのみになった。デヴィノ・アモーレ大聖堂では、最後の玄義―マリアとヨセフは見失ったイエスを三日目に神殿で見出す―の場面を、表情豊かな女性司会者が朗読していた。身振りを交えた真に迫る語りは人々の心を動かし、聖堂は静まり返って聞いていた。朗読が終わると十人のオペラ歌手たちが現れて、同じ場面を歌いながら演じた。心の底から盛り上がるグループ全員の歌声は圧巻で、ロザリオのフィナーレを飾る素晴らしい舞台に場内から割れるような拍手が沸き起こった。

私は深い感動の中で気付いた。これら各連の演技は、歌手たちが心からファチマの聖母へ捧げた賛美と祈りであったと―。

〈アルゼンチン　ヴェノスアイレス　ルハンの聖母聖堂〉

映像は南米アルゼンチン・ヴエノスアイレス、「ルハンの聖母聖堂」へ飛んだ。アルゼンチンは教皇フランシスコの故国であり、ルハンの聖母はアルゼンチンの守護の聖母だった。そして国民もみなルハンの聖母を心から愛する熱心なカトリック教国であった。十大聖地に選ばれたこの『ルハンの聖母聖堂』には次のような謂れがある。

一六三〇年、アルゼンチン北部の街サンティアゴ・デル・エステーロに住むポルトガル人のカトリック信者が、ブラジル在住の友人に聖母マリア像の制作を依頼し、輸送してもらったときのこと。船でブエノスアイレス港まで無事に到着したあと、陸路で一一五〇キロメートル離れたサンティアゴ・デル・エステーロまで運ばれることになっていたが、ブエノスアイレスから西におよそ七〇キロメートルの地点で、荷物を運んでいた牛たちが突然動かなくなってしまった。

それまでは疲れた様子もなかったのに、どういうわけか前に進まなくなった牛たち。不思議に思った配達人たちは重い荷物を降ろしてみたが、全く効果はない。いろいろ試した挙句、高さ三十八センチの小さなマリア像を降ろしてみると、なんと牛たちは何事もなかったかのように歩き始めるという不思議なことが起きた。

そこで配達人たちは、マリア像がその場にとどまることを告げているのだと解釈。マリア像は一旦近くの農場主に預けられ、後に近郷のルハンという町にマリア像を安置する小さな礼拝堂が作られた。やがて、「ルハンの聖母が願いを叶える」という噂が広まって多くの信者が集まるようになると、礼拝堂はどんどん拡大され、一九三五年に立派な大聖堂に変貌した。

これが現在、アルゼンチンのカトリック信者たちの巡礼地となっているルハン大聖堂である。ステンドグラスとシャンデリアが思わず目を見張るほど美しい。銀製のマントで聖像の傷みを保護し、アルゼンチンの国旗の色をまとった、いかにもアルゼンチンらしい聖母は、ブエノスアイレスの街中でもあちらこちらに見かけられるという。
立派な大聖堂が映像に現れると、祭壇前に立つ美しい女性が第五玄義の意向を高々と読み上げた。このとき、大聖堂は鳴り止まない拍手の嵐に包まれた。教皇フランシスコを生んだふるさとアルゼンチンの喜びがこだまするような大歓声だった。
《罪の闇にいる私たちと世界中の人びと、特に主の慈しみを最も必要とする人を救ってください。すべての司祭を支えて下さい。私たちは司祭がたに感謝します。そして教皇フランシスコに感謝します。教皇様を支え、教皇様のすべての祈りをお聞き入れください。》
なんと明るく華やかな人びとだろう！　アルゼンチン人の温かさと情熱が伝わってくる。そして素晴らしい聖堂！　さすが広い大聖堂も立錐の余地がないほど人びとの群れで埋め尽くされている。

金色に輝いて高く聳える華麗な祭壇と、その祭壇の奥高くインデアンの面影を偲ばせる聖母マリアが映像に現れた。アルゼンチンの国旗を表す水色のマントをまとい、足元に三日月を踏み、金色の後光を背にして肩からロザリオを提げている。祭壇はたくさんの花々で飾られていた。

白い祭服を着て水色のストラを下げ、頭に赤紫のズケット（帽子）を載せた司教と、水色のストラを下げた二人の司祭が主の祈りを先唱した。そして五回のアヴェ・マリアが入れ替わる男女先唱者と共に祈られるごとに、縦長の広大な大聖堂の隅々からアヴェ・マリアの大合唱が響き渡った。

祈りながらアルゼンチンの小旗と水色のハンカチを振り続ける人びとの表情は輝き、服装もなかなかカラフルでこの国の国民性がほのぼのと温かく感じられた。ローマから地球を半球回ったこちらは、どのような季節で一体何時なのだろう。昼間のような明るさと、常春の和みを感じる。

ローマのメイン聖堂、デヴィノ・アモーレでは最後の証しが行われた。付き添いの男性が高齢の老婦人を紹介した。

「イタリア人女性・ルルドで今年二〇一三年七月に認められたばかりの奇跡に与った女性。マリアの奇跡が体だけでなく、信仰の道の奇跡であることを語ってくれます」と。

老婦人は語り始めた。

「三十四歳のときに病気になって、そのため家族も崩壊してしまいました。医者は医学的に何もできないと言いました。そこで、死の準備を始めたのです。夫は私の病気を受け入れられず、私の余命が一ヶ月だということも認められませんでした。私の心は死ぬ前に周りの人々との愛を求めていましたが、夫からは得られませんでした。病気の結果として、人からではなく、神からの愛を感じまた。聖母には、自分にはどうにもできないので助けて欲しいと願っていました。マリアさまにひとつの恵み、死ぬ前に夫と少なくとも一日喜びのときを過ごさせて欲しいと望んでいました。

一九八九年五月、突然夫がルルドに行こうと言ってくれました。これこそ聖母の奇跡の恵みだと思い、この巡礼で死んでもいいと思って出かけました。ルルドが夫と聖母の出会いの場となりました。

午後二時半でした。沐浴場で、大きな痛みを感じました。痛くて服を自分で脱げないほどでした。周りの人の手で服が脱がされるのは、慰めでした。助ける手がある。自分では何もできないのですから。水に入った時、かゆみを感じました。三つのことを願いました。

御父に……、父である神の存在を信じていました。御旨なら、命を取り戻して欲しいと願いました。

イエスに……、子供のときからイエスの愛を感じた体験があり、苦しみの中で生きると感じて、私の十字架が実を結ぶと感じさせるよう求めました。それから、イエスに向かって、夫の過ちを赦せるように、彼の心にある憎しみを聖母に捧げ、彼が彼自身のことを赦すように願いました。私はもう許していますから、と。

水から上がると、彼は自分自身を赦せたと話してくれました。彼自身も回心したのです。奇跡はその瞬間、彼が心の中で自分を許せたときに、神から授かりました。

すべての人が生き返ることができます。心の中で、罪の赦し、肉体的な癒しによって、新しい人として生き返って、ルルドから帰るのです。

この証の間、ロザリオを手にするルルドの聖母マリアがたびたび映し出された。聖母の前に赤々と揺れる奉献のローソク。奇跡の恵みに与った病人たちが奉納した数多い松葉杖。限りなく広がる灯火の大パノラマ。そして病人たちを乗せた車椅子と担架の大集団が整然と並んでいる。

老婦人が語り終えたとき、彼女の病気が癒された奇跡を認定する、国際医師連盟の証明書が映像に写された。その証明書は、ルルドで生じた最も新しい奇跡の記録であった。

老婦人の供述は人びとに深い感銘を与え、あちらこちらで涙をぬぐう光景が見られた。

〈ブラジル　アパレシーダ　アパレシーダの聖堂〉

第五玄義の最後はブラジル・アパレシーダ「アパレシーダの聖堂」で行われ

た。ロザリオが祈られる十月十二日は「アパレシーダ」の祝日で、アパレシーダは「守護の聖母」のことをいう。

サンパウロからリオ・デ・ジャネイロに向かって約一七〇キロメートル自動車で走ったところに人口三万人ほどの小さな町、アパレシーダ市がある。一七一七年十月半ば、サンパウロとミナスの州知事がこのあたりを訪問するということで、魚をご披露するよう命令が出た。そこで、アパレシーダ市を流れるパライーバ河畔に住む三人の漁師、ドミンゴス・M・ガルシア、フェリッペ・ペドローゾ、ジョアン・アルベスが漁を始めたのだが、獲物はなかなか網にかからなかった。しばらくして「ノッサ・セニョーラ・アパレシーダ（褐色の聖母）」像の胴体部分が、引き続いて頭部が網にかかり、それから次々と魚が網にかかるようになった。この像を持ち帰って安置したところ、これ以降も豊漁が続き、その他にも多くの奇跡が起こった。これを伝え聞いて全国各地より人びとが巡礼に来るようになった。

一七四五年に小聖堂が建立され、十九世紀には王女イザベルが参詣するほど有名な聖堂となり、一九三〇年には教皇ピオ六世によって、「ノッサ・セニョーラ・アパレシーダ」はブラジルの守護の聖母として指定された。二つの鐘楼を持つバロック様式の美しい聖堂で、一九八二年に文化財として指定されている。

奇跡を起こし、幸運をもたらす『褐色の聖母』として国民の信仰を集め、年中巡礼者たちで賑わっている「ノッサ・セニョーラ・アパレシーダ」のレプリカ像はブラジル各地で見ることができる。十月十二日は特に多くの人々がブラジル各地よりバスを連ねて巡礼し、その数は二十万人とも言われる。そのため、教会の敷地内には広大な駐車場も完備された。

一九八〇年十月十二日に、ローマ教皇ヨハネ・パウロ二世がブラジルを訪れたのを記念して、ブラジルはこの日を国定祝日に制定した。

祭壇が金色に輝く大聖堂が現れた。各所に円形が見られる聖堂の中は洗練された美しさが見られ、生活のために日本へ働きに来ているブラジル人の祖国とは思えないほどの華麗さがあった。一握の信者しかいない日本とはあまりにもかけ離れたカトリック国のスケールの大きさと、国民の深い信仰心を感じた。ああいつの日、日本も分け隔てなく誰とでも神を語り合える喜びを迎えることができるのだろう！

聖堂一杯に響き渡るアヴェ・マリアの祈りが始まった。そろいの水色Tシャツを着た大勢の人びとが、聖職者や修道女たち共々祭壇に向かって祈っていた。Tシャツには、ノッサ・セニョーラ・アパレシーダ（褐色の聖母）と、アパレシーダ大聖堂の旧小聖堂（こちらの小聖堂にパライーバ河畔から引き上げられた聖母像が安置されている）をプリントした二種類の絵柄が見られた。

一瞬映像は聖堂内から外の風景へ切り替わった。真昼の明るさが聖堂一帯を爽やかに映し出した。生い茂る緑の木々を小さく見下ろして、ひときわ高く壮大な大聖堂が全景を見せた。彼方に望む緩やかな山並みを背景に、周囲を圧して威容を放つ大聖堂。その屋根は七十二メートルのドームが聳え、神聖な神の家の威厳を放っている。

また、大聖堂と旧小聖堂を繋なぐ長いカーブの陸橋を支えるアーチが延々と並ぶ光景は絵のように美しい。このアーチを挟む左右の広大な駐車場にも驚かされる。この日はノッサ・セニョーラ・アパレシーダの国定祝日と、聖母と共に祈る衛星中継が重なっているためか、大型バスが数え切れないほど並んでいた。多分十数万を越える人びとが集まっているのだろう。さしもの長い歩道橋も人の群れで溢れ、手すりには国際色豊かな各国の国旗がはためいていた。世界が手をつないで聖母に祈るロザリオの日を祝ってのことと思われる。

驚くことはまだあった。大聖堂に付属する高さ百メートルの鐘楼。一見高層ビルと見間違えそうになったが、知人から提供されたプリントを読み直し、それが鐘楼であることが分かった。朝夕この大鐘楼から清らかな鐘の音が四方へ響き渡っていることを想うと、ブラジル人の信仰に根付いた日々の暮らしと心の安らぎが伝わってくるようだった。

さーっと景観を映してのち、ふたたび映像は聖堂に戻った。祭壇中央ではアパレシーダの聖母の前で、緋色のズケット（帽子）・マント・服、白レースの衣をはおった枢機卿と白い祭服の司祭が立って、アヴェ・マリアを祈っていた。それにあわせる会衆の祈りが一段と熱を帯びて聖堂に響いていた。人びとは祭壇のノッサ・セニョーラ（褐色の聖母）を見上げて祈りながらロザリオを繰り、ノッサ・セニョーラの青い小旗を思いのままに振っていた。

祭壇の聖櫃が金色に輝き、祭壇周辺にも施された金帛（金に輝く布）が鈍くきらめいて祭壇に神々しさを添えていた。

五回のアヴェ・マリアは終わり、最後に枢機卿が主の栄光を祈り、終わると聖歌隊の歌うサルヴェ・レジナ（元后あわれみの母）の歌声が美しく聖堂内に響いた。誰もが愛するサルヴェ・レジナ！人びとは満面に笑みを浮かべながら共に歌い拍手を送っていた。

めでたし元后、あわれみ深いおん母
私たちのいのち、なぐさめ、望みなるお方、めでたし。
私たち、さすらいの、エワの子はあなたに向かって呼ばわり、
あなたに向かって泣きさけびます、この涙の谷で。
いざ、私たちの代願者よ、あわれみのおん目で
私たちをかえりみて下さい。

またご胎内の祝せられたおん子イェズスを
このさすらいの終わった後私たちにお示し下さい。
ああ寛容、ああ仁慈、ああ甘美なる処女マリア。

ブラジルのノッサ・セニョーラマリア像が大きく画面にクローズアップされ、次に大聖堂の中心にある円形の祭壇が厳かな全体の姿を映した。このとき、私は初めてアパレシーダの大聖堂が円形の祭壇であり、その祭壇を取り巻いて、一般席が四方に広がっていることを知った。

映像はデヴィノ・アモーレ大聖堂へ戻り、ファチマの聖母マリアの前で枢機卿と司教が祈りを捧げていた。聖歌隊の歌うサルヴェ・レジナが魂の奥まで透るほど美しい。麗しいファチマの聖母の面影が大きく映し出された。視線を落としてうつむく瞳は、今にも涙がこぼれそうなほど憂いを帯びていた。決して笑顔を浮かべる明るい姿ではなかった。

神秘のヴェールに包まれる聖母の汚れない御心が私たちに何かを訴えている!

そう感じた私はたまらない辛さを覚え、心から己が罪深さを悔やまざるを得なかった。

枢機卿と司教が祈り終えて席に着いた後、司教が聴衆の前で挨拶をした。どのような内容なのか分からないが、丁寧に話す言葉に「マリア」が幾度となく使われ、グラシアスの言葉もあったことから、多分聖母マリアを讃えて感謝していたのではなかろうか。

司教に次いで二人の男女司会者がそれぞれ謝辞を述べた。続いて枢機卿、司教と共に同席していた司祭が閉会の辞を述べて壇を下りた。

デヴィノ・アモーレ大聖堂でのすべては終わった。荘重なパイプオルガンが鳴り響き、大勢の聖歌隊員がいっせいにラテン語聖歌を歌い出した。荘厳な歌声が響き渡る中で、人びとは静かに動き出した。長い列はファチマの聖母に向かっていた。一人ひとりが聖母に別れを告げると外へ流れてゆく。その中に、ロザリオを額に押し当てたまま跪いて身じろぎもせず祈っている老人がいた。

フィナーレの光景はあまりにも美しく、言葉にならない感動の嵐に見舞われた。今まで一度もなかった世界を繋なぐロザリオの祈り――。

この後、ファチマの聖母マリアは人びとに見送られて再びヘリコプターに運ばれ、教皇の待つヴァチカンへ向かった。

ローマ教皇フランシスコは、徹夜の祈りを終えてバチカンに戻った聖母像を迎えて感謝のミサを捧げた。十月十三日朝、サンピエトロ広場を埋め尽くした十万の大会衆の前で、教皇は全世界を聖母マリアの汚れなきみ心に奉献し、ファチマの聖母像の前で次のように語った。

「あなたの目には、すべてのものが尊いということを私たちは確信しています。あなたの腕で私たちを守り、善を求めるすべての願いを祝福し、強めてください」と。

また当日朝のミサ説教で、教皇は聖母を神への従順、信頼、感謝の模範として祝し、次のように述べた。

「私たちが神からくる驚きにいつも開かれ、日々の生活の中で神に忠実で、神に感謝と賛美を捧げられるため、聖母が取り次いでくださるよう祈りましょう。神は私たちの力だからです」。

終章　八十路の春

夕映えの旅立ち

マグダレナ・マリア金子素恵子の死は突然だった。知らせを聞いたとき、一瞬はっと胸を突かれたが、とっさに「とうとう来たか、寂しいけれど幸せになれて良かった!」と、悲喜こもごもの思いが走った。その時は予告なしの突然死を「悼む」という気持ちよりも、「おめでとう、天国へ行けるのよ」と喜ぶ神への感謝が先立った。

私はこれまで誰もが迎える終焉に備えて肉親縁者はもちろん、多くの友人、知人、その他関わりある人びとの救霊のため、臨終の加護と罪の赦しを主イエスと聖母マリアに祈り続けてきた。信仰深い姉については聖母がかならず守ってくれると確信していたので特に心配もしなかった。

しかしなんとなく臨終が近づいているような予感がして、亡くなる一週間前に思い切って病人には酷な電話をした。

「今背負っている苦しみを罪人の改心と罪の償いのために捧げて! それによってたくさんの霊魂が救われるから」と。それは姉に死を予告し、暗に心の準備を急かせるようなものだった。素恵子は不安など微塵も見せない口振りで「もちろん、毎日祈っているわよ」と例のさわやかな調子で答えた。本当は動くことすらできない辛い日々であるのに、あえて心配を掛けまいと努める笑みの声だった。私はその透る声に油断して病人の現状に気付いていなかった。言うなれば声に騙されていたようなもの。とにかく素恵子はよく祈り、よく笑い、天下一品馬鹿が付くほどお人よしだった。

親切が過剰になってはペテンに掛かり、おれおれ詐欺で痛い目にも会った。かと思うと、一方ではちょっとやそっとでは動じない信仰の持ち主で、心から聖母マリアを愛し、毎日ロザリオ4環唱えることを日課としていた。

素恵子の喜びは神と共に生き、聖母マリアに頼って祈ることだった。

私は遠く離れて暮らしているので夫の許可なく出かけて行くこともできず、高齢の一人暮らしを案じながら電話で話すよりほかに手立てがなかった。安否を気遣いよく電話を掛けた。長距離だから三分以内でね、と断り、元気な声を聞くだけで安堵した。著作の出版打ち合わせで上京することがあっても、電車の窓から（家は板橋駅前にありホームからよく見えた）住まいをひそかに眺めるだけで素通りし、寄ることもなかった。会いたい！　慰めてあげたい！　失明したと聞き、歩けなくなったと聞いたがどのように暮らしているのだろうか。姉を想う気持ちはいたたまれないほど辛かったが、チャンスがあっても夫の目を気にするあまり、一分でも早く家路を急がなければと耐えた。
東京からの返事はいつも同じで、「元気よ、元気、元気」とからから笑って言葉を濁した。時には今お祈り中だからと断られ、或るときは「今度何を書くの？　私のことを書いてよ。私はおしん（以前NHKで放送された連続朝ドラマ）だったのよ」と、冗談めかして笑い飛ばした。もしかするとそれは本音で、自分の苦労話を伝えたかったのかもしれない。しかし私は姉の苦労を知らなかったし、両親の苦労も知らなかった。父の遺した歌には私が生まれる前の貧乏暮らしが詠まれていた。

短歌（借金取りにほとほと困りて）
おひつまる今日の吾我身はとりとりに
青やら赤やら黄の声も出ず　一寒人

俳句（身も世もあらぬ昭和八年の暮）

今日ばかり乞食こひしき大三十一日　一寒人

終戦後、素恵子は焼け爛れた東京を脱出して一時期故郷に帰った。東京で怪我人や病人を見舞うイエズス会のミヘル神父と出会い、感化されて教理（キリストの教え）を学んでいたが、志し半ばにして長野へ帰った。まもなく素恵子に洗礼を授けるため、わざわざ東京から長野市まで出向いてくれたミヘル神父から洗礼を受けた。私が姉と一緒に暮らして生きざまをつぶさに眺めたのはこの頃の数年間だけだった。当時から姉の他人に対する親切な行いと、自分を無にして尽くす親孝行、深い信仰心は際立っていた。

我が家は姉が地に落ちる一粒の麦となって、次第に家族はキリスト教へ感化されていった。祖母（臨終洗礼）、両親、妹三人のすべてが洗礼を受けた。次妹の子供たちも洗礼を受けてクリスチャンファミリーが生まれた。

私が八十歳を迎えた昨春、これから辿る八十路への想いを書きたいというと、

「『八十路の春』がいいわね。春は希望と喜びが溢れているから。歳をとるごとに体は不自由になり、病気も増えるけれど、辛いときほど希望が膨らむのよ。未来に幸せが見え、心も温かく満たされてゆくのよ」とアドバイスしてくれた。そしてこの著のタイトルは『八十路の春』に決った。

素恵子の一生は私たちに多くの教訓を残した。他人に対する批判めいた言葉を一度も聴いたことがない。何を聞いてもそ〜お、そ〜お、と相手の気持ちを優しく受け止め、ひそやかな悪口にも共鳴しない。「笑顔」と「有難う」がトレードマークの温かい人柄は光っていた。だから道行く見知らぬ人もひと言声かけられるとその笑顔に誘われていつの間にか友達になってしまう。

素恵子には良い友人たちが大勢いた。

月に一度、祈りの同志が寄り合ってロザリオを四環唱えることを楽しみにしていた。このグループはみんなマリアさまが大好きな人たちだった。

その日は朝からそわそわし、「これから掃除機を掛けなくちゃー、大根とカボチャも煮るので忙しいのよ。所沢の源さんご夫妻も早くから来てくださるので……」という言葉も終わらないうちに、「は〜い」と三階から一階玄関に向かって大声を張り上げる。仲間が見えたらしい。「じゃあね。ロザリオは二時間かかるの。その後は楽しい語り合いよ、だから電話はこれで終わり」と断られる。

また、市川の吉田昌古宅で月一回行われるロザリオとミサの集まりに参加することを喜びとした。皆からトドママ、トドママ（愛称）と呼ばれて嬉しそうだった。大きな図体で愛嬌よく、よっこら、よっこら、歩くところがトドに似ているからだという。こちらでもパウロ会の池田神父さまと皆に会い、ミサに与かれるのが嬉しいと言う。姉はミサをとても大切にしていた。その尊さを熟知しているため、故人や病人への意向をこめたミサを願うことが少なからずあった。画家の吉田さんは市川から板橋の家まで素恵子を労っていつも車で送ってくれた。

また、川口歌会の人たちとの交流も長く続いた。素恵子は歌人の諸先輩から多くを学び、導かれて日に日に上達していった。みんな高齢者で、歌の道に通じた達人ばかりだった。師と仰ぐ指導者・石井伊三郎氏は、かの有名な歌人、佐藤佐太郎の直弟子で、昭和三十年に佐太郎の門下に入り直接佐太郎から導きを受けた人だった。大久保寿朗氏も然り、みんな長い年月を歌に生きてきた人たちだった。素恵子は、石井伊三郎師の出版された数々の歌集中、『送り火』の後記に石井氏が記す、佐藤佐太郎が写生について述べたという「ものを見る終局は自身の生を見ることだ」「歌は意図ある如く、意図なき如くにして作者の影あるを要す」の教えに惹かれたのではないだろうか。歌を詠むことが喜びだったようで、家の中にはどこにでもノートとペンが置かれてあった。持ち歩くかばんの中には、ボールペンを結びつけたメモ帳が入っていた。動けなくなってからは手が伸ばせる至る所にメモ帳やボールペンが山と散らかっていた。私が家財整理に行ったときは、雑然と積まれる数の多さに驚いたのだった。ああ、信仰と詠歌が生きがいだったのだなあーと胸が熱くなった。家の中は貧しさそのもので哀れを覚えた。その質素さと明るい笑顔とは想像もつかないほど違いがあり、よくもまあ、この粗末な家に立派な歌道のみなさまが嫌がりもせず集まってくださった、と心で感謝した。

「今日は歌会があるのよ」と楽しそうに言う姉。相変わらず「カボチャを煮たのよ」と、カボチャ、カボチャが耳にたこができるくらい聞かされた。

歌会にしても、ロザリオ会にしても、美味しくない煮物をどんなにか我慢し笑顔で受けてくれたことだろう。料理下手の彼女のことだから焦げ着きも当然あったと思う。私はこれほど寛大で温かい人びとに囲まれた姉の幸せを感じた。後日素恵子の遺詠を読んだとき、私の知らない孤独感がひしひしと伝わり、涙を抑えることができなかった。歌は素恵子の心をありのままに映していた。

金子素恵子の旅立ちは幸せそのものだった。最後を看取ってくれた長男の嫁・秀子の話によると、当日の午前中、週一回区からまわされる出張マッサージ師の治療を受けた後、気分が悪くなってソファーに横になったまま意識が朦朧状態になった。毎日宅配食事を届けてくれる配達人が声をかけても応答がないため、文京区に住む嫁に知らせた。駆けつけたときは意識もあり、救急車でなくバスでい い、と答えたという。しかし急を悟った嫁は救急車を呼び、病院へ搬送してもらった。付き添う車中で、病人は車の振動に反応して苦しんだが、その後は穏やかなまま医師の診察を受けた。

その医師と長男夫婦の見守る中で、静かに息を引き取ったという。私が駆けつけたときはすでに遺体は病院から出棺された後だった。わずか数分のすれ違いだった。とっさに赤羽教会へ後を追いかけたところ、葬儀社だという。このとき、応対してくれた担当の男性信者がこれから自分も行くところだから一緒に、ということで車に同乗させて頂いた。この車中で神は大きな恵みを下さった。婚家の事情から不可能とあきらめていた教会葬儀ミサやカトリック墓地の話に触れると、生前姉が望んでいたすべての願いが叶えられる返事を頂いた。車の中の出会いが発端となり、姉は赤羽教会で葬儀ミサをして頂けることになり、府中カトリック墓地の赤羽教会共同墓地に入れてもらえることになった。

葬儀社の霊安室で遺体と対面したとき、アッ！　と息を呑んだ。あまりにも美しい姉が眠っていた。夢かと思うばかりの若々しい顔だった。まるで奇跡を見るような喜ばしいショックを受けた。私の知らせを聞いて、ロザリオの友である源さんが所沢から駆けつけて下さった。再びこの方と共に姉に会いに行った。どうしてこのように綺麗なのか不思議だった。遺体の枕辺で源さんと一緒に時間を忘れ、ロザリオを一環祈った。源さんはいつまでも、いつまでも、素恵子の髪をいとおしむように撫でていた。立ち去りがたくて私も一緒に髪を撫でつづけた。それは死者の顔ではなく、天使のようだった。このような不思議なことがあるのだろうか。

素恵子はマリアさまが大好きだった。いつも人のために祈っていた。粗末な家のどの部屋にも、所狭しとばかりに聖画や聖像が溢れていた。私は姉が神を信じて持ち続けた「愛と希望」を、この『八十路の春』の希望としたい。

金子素恵子遺詠（歩道短歌会誌掲載作品）

歩道　平成二十五年五月号

東京　　金子素恵子

碧き空高きビルにし日の残り寒の一日の暮れゆきはやし
山茶花の紅つづく遊歩道風寒けれど試歩をつづくる
犬連れし人に故郷のなまり聞き思わず声かけ会話のはずむ
手押し車の人と補助車のわれと日の暖かく座しつつ語る

歩道　平成二十五年六月号　　　　　　同

故郷に帰りし妹家建てて墓をし守る兄に代わりて

次々に病の出でて介助され病院通いも多くなりたり

病むゆゑに心弱りているわれに煮物ととのえ嫁は持ち来る

碧空に日の暖かき遊歩道花の香のして春の近づく

歩道　平成二十五年七月号　　　　　　同

遊歩道は連翹の黄に彩どられ沈丁華香り昼たけんとす

病院の待合室にて満開の桜に対座す充足をして

目の不自由も足の弱さもおのずから納めてゆかん命と思ふ

配食の食かわらねど旨しとぞいただくわれの独りのくらし

歩道　平成二十五年十月号

同

雨漏りに惑えば町の電気屋の雨の中来て確かめくるる

雨つづく昼の街にてしきり鳴く蛙の声をなつかしくきく

父母の歳いつしか越えて八十六命のかぎり感謝し生きる

家を守る弟夫婦病みて居りわれも病む身にて故郷遠し

歩道　平成二十五年十一月号

同

独り住めば人なつかしく街に出で往来の人眺めて憩ふ

茶道華道日本舞踊と励み来し人生にてその道具見送る

街並木のさるすべりの紅華やかに咲きゐて遠き友らを思う

仏前の切花なれど長く咲く花あり蕾にて終わる花あり

歩道　平成二十五年十二月号

同

迎盆の宵の闇より聞こえ来る澄む笛の音をしばし聞きゐる
日曜に子供を連れし人多くすーぱーにぎはふ中にしまじる
炎天の木陰に涼しき風を待ち蟬鳴く下に憩うひととき
朝一番の電車の音を合図とし老われ目覚む午前五時にて

歩道　平成二十六年一月号

同

遠く住む友の歌此の頃見えざれば病む身のわれが健やかねがう
つやのよきりんごと桃を五つほど送りて来たり故郷の妹
青空に夕暮れの日のかがやけど秋の近づき吹く風寒し
敬老の日祝ふと二歳の曾孫より花束とどく宅配便にて

追悼歌

神に召されました金子素恵子様。天国で安らかにお眠りください。そして、長い間、金子様のお宅にて開催してきた川口歌会がどんなに楽しかったことでしょうか。有難う存じました。

当時を思い起こしながら私どもを見守って下さい。はるかにご冥福をお祈りしつつ。

石井伊三郎

神に召されし金子様偲び仰ぐ空無数の星がかがやきてゐき
網膜剥離を共に病みゐし悲しみを語り合ひにき歌会の後に
清らかに一生を生きし君偲び散り次ぐ桜の花びらを浴む
佐太郎の歌に学びし喜びを詠い給いき病む老いの日に
己の生見つめて詠みし晩年の歌の哀しも繰り返し詠む

大久保寿郎

月に一度君が家にて歌詠みが集いて歌会を楽しみて来ぬ
キリストを敬う君は歳晩に祈り捧げてみまかりしとふ
街の路に咲く花求め老いし君日々の散歩を楽しみてゐし

石井美枝子

折々に君が詠まれし谷端川緑道に立ち偲ぶ面影
車窓より見えて親しき君が家の集いなつかしけふは見て過ぐ
和やけき歌会ありし幾年の君の情けをながく忘れじ

市川勢子

遊歩道の花を愛でたる君なりき日々を感謝に過ごししと聞く
補助車たよる歩行も楽しと詠みし君前向きなるに教えられたり
信仰に生きて病を嘆かざる君の短歌を繰り返し読む

相良みね子

ことさらに寒き日の昼悲しみの知らせとどきて言葉失なふ
雨の降る日もあり風の日もありて通院の途次君が家に寄る
病む君としばらく語らひ惜しみつつ別れ来るは七日前

伏見要

好む道の短歌と詩吟追求の執念たるや見事と謂はめ
歌会に金子家集う仲間らにお世話になりし期間はたふと
祈りつつ卒寿近くの命はぞ永久に安らぐ天に召さるる

遠藤那智子

母亡き子の母にならんと結婚をきめたりしとぞわれ聞きたりき
眼病み過ぎしし日思えば寂しけれ逝きたるを聞く歳晩の午後
をりにふれ集いて短歌学びたる板橋の家忘れ難しも

中川禮子

なでしこの咲きつぐみれば今月は何を剪らむか持ちゆかむかな

板橋を過ぎて川口の病院へゆくとき電車に君が窓見る

ゆったりと笑みて迎えし君のうたに詠まれし人々樹々思ひおり

花崎邦子

長き日を共に学びし教室に君との思い出尽きることなし

《田端美恵子（たばた・みえこ）》
昭和8年（1933）、長野市に生まれる
長野清泉女学院高等学校卒
国学院大学幼稚園教員養成所卒
昭和46年まで東京に於いて幼児教育に専念
同年11月、群馬県高崎市へ引退後家庭人となる
平成16年より執筆を始める
平成17年（2005）8月、随筆集『一粒の麦から』（サンパウロ）出版
平成18年（2006）12月、随筆集『愛はうたう』（サンパウロ）出版
平成20年（2008）10月、『満州の夕焼け雲』自費出版
（編集制作信濃毎日新聞社）
平成21年（2009）10月、「同書」全国新聞社出版協議会
第3回自費出版大賞「優秀賞」を受賞
平成23年（2011）8月、『山峡に響く平和の鐘』（サンパウロ）出版

八十路の春

田端美恵子

2015年3月25日　第1刷発行

発行者●赤尾満治
発行所●聖母の騎士社
〒850-0012 長崎市本河内2-2-1
TEL. 095-824-2080/FAX. 095-823-5340
e-mail: info@seibonokishi-sha.or.jp
http://www.seibonokishi-sha.or.jp/

製版・印刷●聖母の騎士社
製本●隆成紙工業

Printed in Japan
落丁本・乱丁本は小社あてにお送りください。送料は小社負担にてお取り替えします。
ISBN978-4-88216-359-6　C0116

聖母文庫

神父発見
水浦久之

長崎の潮の香りと土の匂いのするキリシタン小説とエッセイ集。長崎の同人誌やカトリック誌、小教区報などに発表された作品をまとめた一冊。

価格500円(税別)

新・神父発見
水浦久之

長い伝統につちかわれた長崎の教会をめぐる話題を追って。地元文芸誌に発表したエッセイ集。

価格500円(税別)

漂泊の果て
水浦久之

長崎は、日本で最もキリスト教の色彩を色濃く残している土地だ。この地ならではの題材を料理した小説とエッセイ集。芥川賞作家も書けない信仰物語。

価格600円(税別)

金鍔次兵衛物語
水浦久之

徳川幕府のキリシタン弾圧の時代、マカオに追放され、フィリピンで司祭に叙階され、武士に変装して長崎に潜入した金鍔神父の数奇に満ちた人生を描く。

価格500円(税別)

愛の騎士道
水浦久之

長崎で上演されたコルベ神父物語をはじめ、大浦天主堂での奇跡的出会いを描いたシナリオが甦る。在世フランシスコ会の機関誌に寄せたエッセイも収録。

価格600円(税別)

聖母文庫

聖性の理想
神との親しさ①
SMP・ガブリエル＝著　伊達カルメル会＝訳

「神との親しさ」は黙想の手引きとなると同時に、完全なるキリスト教的生活を生きる道を教える本です。黙想書に最適。

価格500円（税別）

祈りと対神徳
神との親しさ②
SMP・ガブリエル＝著　伊達カルメル会＝訳

キリスト教的完徳の根本的手段とされる念祷と、信・望・愛についての黙想。

価格500円（税別）

心の浄化
神との親しさ③
SMP・ガブリエル＝著　伊達カルメル会＝訳

キリスト信者の必読書。神よ、あなたは、あなたを知り、愛し、あなたに仕えるために、わたしを造ってくださったのです。

価格500円（税別）

愛の実践と聖霊
神との親しさ④
SMP・ガブリエル＝著　伊達カルメル会＝訳

キリスト教的生活の基礎である愛の掟と聖霊の賜物について黙想するために。

価格500円（税別）

秘跡と使徒職
神との親しさ⑤
SMP・ガブリエル＝著　伊達カルメル会＝訳

イエス・キリストが築かれた教会、定められた秘跡、命じられた使徒職についての黙想。

価格500円（税別）

聖母文庫

SMP・ガブリエル＝著　伊達カルメル会＝訳
神との親しさ⑥
三位一体の神

三位一体の神、神の属性、聖霊についての黙想。人々の中に働かれる聖霊について考える。

価格500円(税別)

SMP・ガブリエル＝著　伊達カルメル会＝訳
神との親しさ⑦
キリスト・イエズス

おおイエズス、受肉された神のみ言葉であなたの内に秘められた偉大な神秘を、もっと深く悟らせて下さい。

価格500円(税別)

SMP・ガブリエル＝著　伊達カルメル会＝訳
神との親しさ⑧
聖マリアと聖ヨセフ

おお、神の母マリア、そしてわたしの母でもあるマリア。あなたのやさしいお姿は、なんという光、なんという慰めをわたしにもたらすことでしょう。

価格500円(税別)

ゲルハルト・フーバー＝著　アンジェロ・アショフ＝訳
日本26聖人物語

1597年2月5日、キリシタン弾圧のクライマックスともいえる26聖人の処刑が長崎でおこなわれた。この事件の背後をドイツ人が描く。

価格500円(税別)

ルイス・フロイス＝著　結城了悟＝訳
日本二十六聖人殉教記

26聖人の殉教のわずか3ヵ月後、長崎で亡くなったフロイス神父が、最後の力を振り絞って書き上げて送った公式の殉教報告。

価格800円(税別)

聖母文庫

結城了悟
二十六聖人と長崎物語

約四百年前、豊臣秀吉の命により捕えられ、長崎・西坂の丘で殉教した二十六聖人とキリシタンの花開いた頃の知られざる長崎物語。

価格500円(税別)

結城了悟
ザビエル

日本に初めてキリスト教をもたらしたイエズス会士フランシスコ・ザビエルの生涯を、確実な資料をもとに分かりやすく描く。

価格500円(税別)

結城了悟
キリシタンになった大名

キリシタンになった大名の信仰を描くとともに、いかにキリスト教が根を下ろしたかを探る。

価格1000円(税別)

片岡弥吉
長崎のキリシタン

キリスト教の黄金時代から暗い迫害の時代を経て、信仰の自由を克ちとるまでの長崎の信仰物語。

価格500円(税別)

小島幸枝
長崎代官
村山等安
その愛と受難

長崎の空気を吸いながら、唯一絶対なる創造主への献身にこの世のすべてを賭けた男、キリシタン代官・村山等安を描く。

価格500円(税別)

聖母文庫

Sr. マルガリタ・ヴァラピラ＝著　ゲスマン和歌子＝訳

イエスは今日も生きておられる

インド人シスターが「聖霊による刷新」との出会いと「新しい福音宣教」の展開をあかした書。

価格1000円(税別)

小澤悦子

生活の中に降られる神

シエナの聖カタリナをとおして

歴史の中に姿を現わしたサタン。魂の戦いの中で見えてくる愛と希望の神の現存への賛歌。

価格500円(税別)

木鎌耕一郎

津軽のマリア川村郁

1950年代、青森県津軽地方、八甲田山麓の開拓地で、教育から見放された子どもたちに生涯をささげた若い女性がいた。これはもう一人の「蟻の町のマリア」、川村郁の物語である。

価格500円(税別)

平田栄一

すべてはアッバの御手に

井上洋治神父の言葉に出会う＝

井上洋治神父の言葉を通して、主イエスに出会う旅へ…。井上神学案内書、第2弾！

価格500円(税別)

カルロス・メステルス＝著　佐々木治夫＝訳

「ルツ記」を読む

パン・家族・土地

パン、家族、土地、これらの問題解決のため、ナオミとルツは、どのように闘ったのか、さまざまな困難に立ち向かうすべての人に、「ルツ記」は励ましを与えてくれるだろう。

価格500円(税別)

聖母文庫

草野純英
世相からの祈り
神にみ栄え　人に平和

祈りの本です。…少しの時間でも、日頃のお恵み、ご加護を感謝し、また、不完全さのお赦しを願うため、本著が少しでもお役に立てば幸いです。　価格600円(税別)

山本襄治
ちょっと聖書を
ルカ福音書を読む

ラジオ番組「心のともしび」での筆者のメッセージが、気軽に聖書と出会えるたくさんのカードとして1冊の本になりました。　価格500円(税別)

ラザロ・イリアルテ＝著　大野幹夫＝訳
聖フランシスコと聖クララの理想

聖フランシスコと聖クララの霊性が、現代社会が抱えている諸問題、特に「愛」、「平和」、「環境」などの問題に、希望の光となると信じています。　価格1300円(税別)

高木正剛＝編
萬里無影
中島万利神父追悼集

キリスト信者として、司祭としてたくましく生きられた中島神父様のことが、多くの方々に知られ後世に語り継がれるための一助となれば幸いだと思います。(高見三明大司教)　価格500円(税別)

シリル・ジョン＝著
日本カトリック聖霊による刷新全国委員会＝監訳
聖霊に駆り立てられて

国際カトリック・カリスマ刷新奉仕会評議会のメンバーであり、最も影響力のあるシリル・ジョン神父が、カリスマ刷新の重要性を力強く解説した一冊。　価格600円(税別)

聖母文庫

トマス・マートン＝著
マリア・ルイサ・ロペス＝監修　塩野崎佳子＝訳

聖書を読む

神の言葉とは何か。聖書とは一体どのような本なのか…その問いに迫るトラピスト会司祭マートンの、成熟した神学とユーモアに触れられる一冊。価格５００円（税別）

木村　晟

帰天していよいよ光彩を放つ勇者のスピリット

平和の使者W・メレル・ヴォーリズの信仰と生涯

信仰に基づく「勇者」であるか否かを決する尺度は、その人の死後の評価に表れると、私は思っている。（「プロローグ」より）価格８００円（税別）

木村　晟

神への讃歌

ヴォーリズと満喜子の祈りと実践の記

W・メレル・ヴォーリズが紡いだ讃歌の言葉から浮かび上がる篤い信仰を見つめながら、宣教・教育活動を振りかえる。価格８００円（税別）

木村　晟

すべては主の御手に委ねて

ヴォーリズと満喜子の信仰と自由

キリスト者達は皆、真理を実践して真の自由を手にしている。近江兄弟社学園の創設者ヴォーリズと妻満喜子も、平和を愛する信仰の勇者なのであった。価格１０００円（税別）

安部明郎

私のキリシタン史

人と物との出会いを通して

人間には、そのために死んでもいいというような向があるときにこそ、喜んで生きることができる。キリシタンたちに、それがあったのだ。（ペトロ・ネメシェギ）価格８００円（税別）

聖母文庫

ルイス・カンガス
イエス伝
イエスよ、あなたはだれですか

男も女も彼のために、全てをささげ命さえ捧げました。この不思議なイエス・キリストとはどのような方でしょうか。

価格1000円(税別)

ミゲル・スアレス
キリスト者であることの喜び
現代教会についての識別と証しの書

第二バチカン公会議に従って刷新された教会からもたらされる喜びに出会いましょう。

価格800円(税別)

森本　繁
南蛮キリシタン女医明石レジーナ

江戸時代初期に南蛮医学に情熱を燃やし、外科治療に献身した女性が存在した。実証歴史作家が描くレジーナ明石亜矢の物語。

価格800円(税別)

R・ドグレール／J・ギシャール＝著　伊従信子＝訳
神と親しく生きる
いのりの道
幼きイエスのマリー・エウジェンヌ師とともに

現代の狂騒の中で、大切な何かを見失っていないだろうか…真理、善、美、生きる意味、神との関わりを捜し求めている人たちへ送るメッセージ。

価格500円(税別)

伊従信子＝編著
わたしは神をみたい
いのりの道をゆく
マリー・エウジェンヌ神父とともに

マリー・エウジェンヌ神父は、神が、多くの人々を神との一致にまで導くように、自分を召されたことを自覚していました。

価格600円(税別)

聖母文庫

高橋テレサ＝編著　鈴木宣明＝監修

アビラの聖女テレサと家族

離れがたい結びつきは夫婦・血縁に限ったことではない。縁あって交わることのできた一人一人との絆が大切なのである。それを私は家族と呼びたい。価格５００円(税別)

レジーヌ・ペルヌー＝著　門脇輝夫＝訳

現代に響く声　ビンゲンのヒルデガルト

12世紀の預言者修道女

音楽、医学他多様な才能に恵まれたヒルデガルト。本書は、読者が著者と同じく彼女に惹かれ、親しみを持てるような研究に取り組むものである。価格８００円(税別)

水浦征男

教皇訪日物語

第１章「教皇訪日物語」
第２章「そごう百貨店の大ヴァチカン展」
他を収録。
価格５００円(税別)

水浦征男

この人

月刊「聖母の騎士」に掲載されたコラム(「スポット・ライト」、「この人」)より１９７０年代から１９８０年代にかけて掲載された人物を紹介する。価格８００円(税別)

水浦征男

教皇ヨハネ・パウロ物語

『聖母の騎士』誌22記事再録

一九七〇年代後半に月刊「聖母の騎士」に掲載された記事を主に再録。主にヨハネ・パウロ一世、この後在位したヨハネ・パウロ二世の姿を紹介する。価格５００円(税別)